BASEL – MITTENDRIN AM RANDE

Peter Habicht

BASEL – MITTENDRIN AM RANDE
Dieses Buch ist Helga von Graevenitz und dem Andenken
an meinen Bruder Bernhard Habicht (1954–2007) gewidmet

CHRISTOPH MERIAN VERLAG

Diese Publikation wurde ermöglicht durch einen Beitrag der Bürgergemeinde der Stadt Basel aus ihrem Anteil am Ertrag der Christoph Merian Stiftung.

Bibliografische Information der Deutschen Bibliothek: Die Deutsche Bibliothek verzeichnet diese Publikation in der Deutschen Nationalbibliografie; detaillierte bibliografische Daten sind im Internet über http://dnb.ddb.de abrufbar.

ISBN 978-3-85616-326-6

Ein Unternehmen der Christoph Merian Stiftung

© 2008 Christoph Merian Verlag

Alle Rechte vorbehalten; kein Teil dieses Werkes darf in irgendeiner Form ohne vorherige schriftliche Genehmigung des Verlags reproduziert oder unter Verwendung elektronischer Systeme verarbeitet, vervielfältigt oder verbreitet werden.

Lektorat: Stefan Hess, Basel
Gestaltung und Lithos: a+ Caruso Kaeppeli GmbH, Basel
Druck: Offsetdruckerei Grammlich GmbH, Pliezhausen
Bindung: Buchbinderei IDUPA, Owen
Schriften: Melior, Trade Gothic
Papier: Schleipen fly 115g/m²

www.merianverlag.ch

INHALT

7 **EINLEITUNG**

9 **FRÜHE SPUREN (VON DEN ANFÄNGEN BIS INS FRÜHE MITTELALTER)**
Die Kelten
Die Römer
Alamannen und Franken

25 **UNTERM KRUMMSTAB (800–1250)**
Frühes Christentum und die ersten Bischöfe
Der Preis einer Lanze
Der Heilige Kaiser
Der Gang nach Canossa
Eine Brücke über den Rhein

37 **DIE EMANZIPATION DER BÜRGERSCHAFT (1250–1500)**
Ritter, Mönche, Handwerker
Ein mächtiger Nachbar
Katastrophale Zeiten
Das Basler Konzil

65 **SCHLAG AUF SCHLAG (1500–1530)**
Der Beitritt zur Eidgenossenschaft
Die Machtübernahme der Zünfte
Der neue Glaube

77 **DAS KONFESSIONELLE ZEITALTER (1530–1648)**
Auf dem Weg zur protestantischen Orthodoxie
Gegenreformation und Rappenkrieg
Flüchtlinge
Der Dreissigjährige Krieg

85 **DAS ANCIEN RÉGIME (1648–1798)**
‹Unsere Gnädigen Herren›
Seidenbänder
Das Zeitalter der Vernunft

99 **REVOLUTIONEN (1798–1833)**
Im Schatten Napoleons
Die Restauration
Die Kantonstrennung

121 **MIT VOLLDAMPF VORAUS (1833–1914)**
Das Ratsherrenregiment und die städtische Metamorphose
Die Stadterweiterung
Auf dem Weg zur Demokratie
Auf der Suche nach Identität

141 **DAS 20. JAHRHUNDERT**
Blut, Schweiss und Tränen
Eine schöne neue Welt
Hoch hinaus

166 **LITERATUR**

168 **DANK**

EINLEITUNG

Um sich der Geschichte Basels zu nähern, empfiehlt es sich eigentlich, einen der beiden Münstertürme zu besteigen. Nun sind aber sportliche Leistungen nicht jedermanns Sache. Begnügen wir uns also mit einem Spaziergang um das Münster herum. Die Aussichtsterrasse hinter der Kirche, die Pfalz, bietet ebenfalls einen guten Überblick. Hier finden wir Antworten auf die erste Frage, die sich bei der Beschäftigung mit der Geschichte einer Stadt stellt: Wo liegt sie?
Damit meine ich nicht 47° 33' nördliche Breite und 7° 36' östliche Länge. Vielmehr interessieren mich die allgemeine Lage, die Landschaft, auch das Klima – all jene Faktoren von langer Dauer, welche die Entwicklung eines Ortes beeinflussen. Zum Beispiel haben Völker, die in einer Eislandschaft nach Robben jagen, eine andere Geschichte als jene, deren Nahrung in nächster Nähe wächst. Menschen in einer rauhen Gebirgslandschaft haben eine andere Perspektive als solche, die in der Ebene leben.
Betrachten wir etwa die Gebirgszüge, von denen Basel umgeben ist. Von der Pfalz hat man einen schönen Blick in den Schwarzwald im Nordosten. Rechterhand sieht man im Südosten die Ausläufer des Schweizer Jura. Die Vogesen im Nordwesten sind etwas weiter weg, weshalb sie nur an klaren Tagen zu erkennen sind. Verglichen mit den Alpen erscheinen diese Berge zwar eher wie Hügel. Dennoch haben sie die Geschichte Basels in mancherlei Hinsicht geprägt. Sie lieferten beispielsweise das Baumaterial. Der rote Sandstein, aus dem unter anderem das Münster errichtet wurde, stammt aus dem Schwarzwald. Das städtische Bauholz wurde im Mittelalter vorzugsweise im Jura geschlagen, der dem Fürstbischof von Basel gehörte. Dank den Bergen entwickelte sich Basel bereits früh zu einem Verkehrsknotenpunkt. Die Überquerung war mühsam und gefährlich, weshalb es Reisende vorzogen, in den Tälern und Ebenen zu bleiben. Eine wichtige internationale Handelsstrasse führte durch die sogenannte Burgundische Pforte, die Niederung zwischen Jura und Vogesen im Westen der Stadt. Und nicht zuletzt haben die Berge auch einen Einfluss auf das Wetter.
Das Klima ist mild. Die Winter sind nicht allzu kalt, die Sommer nicht allzu heiss. Für die Landwirtschaft sind die Bedingungen ideal. Die weite Ebene im Norden, die Oberrheinische Tiefebene zwischen Schwarzwald und Vogesen, ist besonders fruchtbar. Hier werden teilweise noch heute Viehzucht und Ackerbau betrieben, daneben finden sich auch zahllose Weinberge (Touristen kennen die Elsässische beziehungsweise die Badische Weinstrasse). Im Mittelalter war dies die Kornkammer Mitteleuropas, und Basels Nähe zu ihr war einer der Hauptgründe, weshalb sich die Eidgenossen um den Beitritt der Stadt bemühten.
Basel tat dies im Jahr 1501. Vom Rest der Schweiz durch den Jura getrennt, bildet die Stadt seither eine Art Vorposten des Landes, und Grenzen sind eines ihrer zentralen Merkmale. Es gibt die internationalen Grenzen zu Frankreich im Westen und Deutschland im Norden sowie die kantonale Grenze zu Baselland im Süden und Osten. Über-

haupt war Basel kaum je in der Mitte eines grösseren territorialen Komplexes, sondern meist an dessen Rande. Deshalb musste sich die Stadt immer wieder mit mächtigen Nachbarn auseinandersetzen. Möglicherweise ist dies ein Grund dafür, dass Basel bedeutende Diplomaten hervorgebracht hat.

Doch nun zum Rhein. Der Fluss prägt nicht nur das heutige Stadtbild; er spielte auch in der Entwicklung Basels eine zentrale Rolle. Schon zur Römerzeit (und vermutlich zuvor) wurde er als Wasserstrasse genutzt. Mit dem Aufkommen des internationalen Handels im elften Jahrhundert wuchs seine Bedeutung. Dank dem Rhein entwickelte sich Basel zur Handelsstadt. Als eine der längsten Wasserstrassen Europas verbindet er das Binnenland Schweiz mit dem Meer.
Von der Pfalz überblickt man den charakteristischen Bogen, den der Rhein beschreibt. Von Osten kommend, wendet sich der Fluss hier nach Norden. Dank dem sogenannten Rheinknie lässt sich Basel auf einer Europakarte auch ohne die Hilfe von Ortsnamen mühelos lokalisieren. Um dieses Knie herum ist die Stadt gewachsen, zunächst auf dem Münsterhügel, später in der sogenannten Talstadt. Dieser tiefe Geländeeinschnitt wurde vom heute unterirdisch fliessenden Birsig, einem kleinen Rheinzufluss, gegraben. Noch später weitete sich die Stadt auf das dem Münsterhügel gegenüberliegende sogenannte Westplateau aus. Jede Epoche hat im Stadtbild ihre Spuren hinterlassen. Diese Spuren aufzuzeigen und sie in einen historischen Kontext zu stellen ist, neben der Ereignis- und Alltagsgeschichte, Ziel des vorliegenden Buches. Der Kontext wird häufig ein europäischer sein. Basel war nie eine Insel, und die lokale Geschichte ist nicht so einzigartig, wie manche Basler denken. Sie gleicht vielmehr derjenigen anderer mitteleuropäischer Städte, auch wenn sie einige Besonderheiten aufweist. Im Lauf der Jahrhunderte hat sich Basel zu einer schweizerischen Grossstadt entwickelt, die im internationalen Vergleich freilich eher klein und bescheiden blieb. Die Stadt ist weder Metropole noch Provinzkaff. Sie ist Zentrum einer Region und doch am Rande des Weltgeschehens. Spannend ist ihre Geschichte allemal, und ich hoffe, dass diese Spurensuche ebenso informativ wie unterhaltsam sein wird.

Peter Habicht

FRÜHE SPUREN
VON DEN ANFÄNGEN BIS INS FRÜHE MITTELALTER

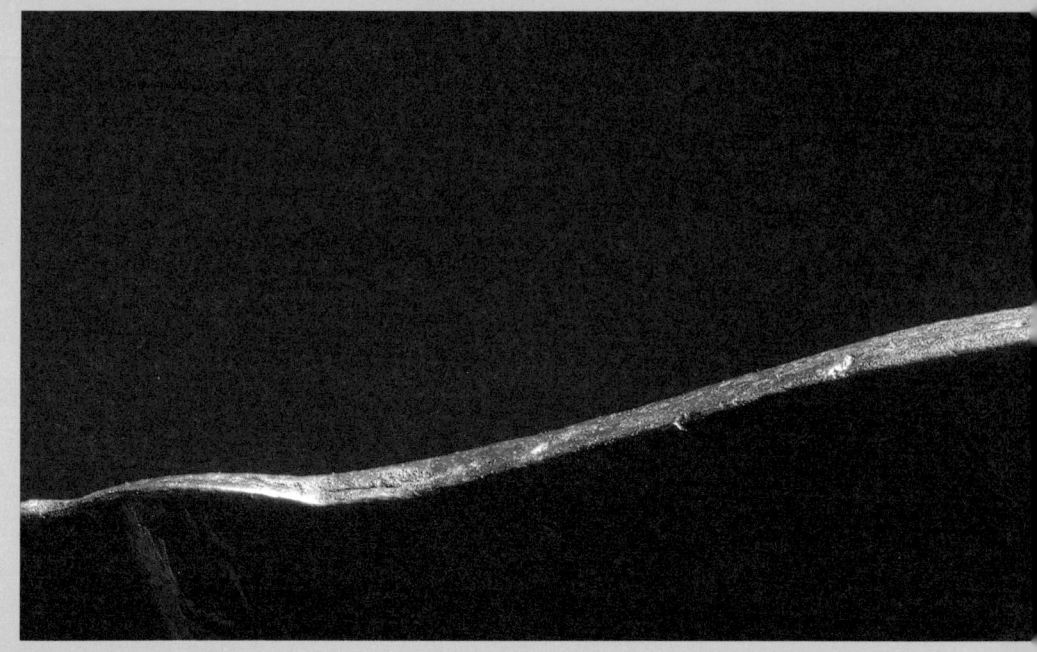

FRÜHE SPUREN
VON DEN ANFÄNGEN BIS INS FRÜHE MITTELALTER

Wie alt ist Basel? Noch vor fünfzig Jahren glaubte man, diese Frage beantworten zu können. Man nahm die Gründung der Colonia Raurica durch Lucius Munatius Plancus (siehe unten, S. 18) zum Anlass, ein rauschendes 2000-Jahr-Jubiläum zu feiern. Doch mittlerweile wissen wir, dass diese Gründung – wenn überhaupt – in einer schon bestehenden Siedlung stattfand. Und diese Siedlung war keineswegs die erste, die sich auf dem Münsterhügel nachweisen lässt. Die Frage nach dem Alter der Stadt muss deshalb offen bleiben. Immer wieder liefert das ‹Archiv des Bodens› neue Erkenntnisse, denn wenn in dieser Stadt gebaut wird, sind die Archäologen zur Stelle. Die Arbeit der Archäologischen Bodenforschung Basel-Stadt ist unverzichtbar, denn nahezu alles, was wir über die frühe Geschichte wissen, verdanken wir dieser Institution, deren Name einem nicht unbedingt leicht über die Zunge geht.

Die ältesten Funde beweisen, dass die fruchtbare Gegend am Rheinknie besiedelt war, seit es in Mitteleuropa Menschen gibt. Vor 100 000 – 120 000 Jahren hinterliess ein entfernter Verwandter des Neandertalers eine Steinaxt. Noch älter ist ein Faustkeil, der in Bettingen gefunden wurde. Die Menschen waren Nomaden, die Beeren sammelten und wilde Tiere jagten. Sesshaft wurden sie erst in der späten Steinzeit. Es wird vermutet, dass

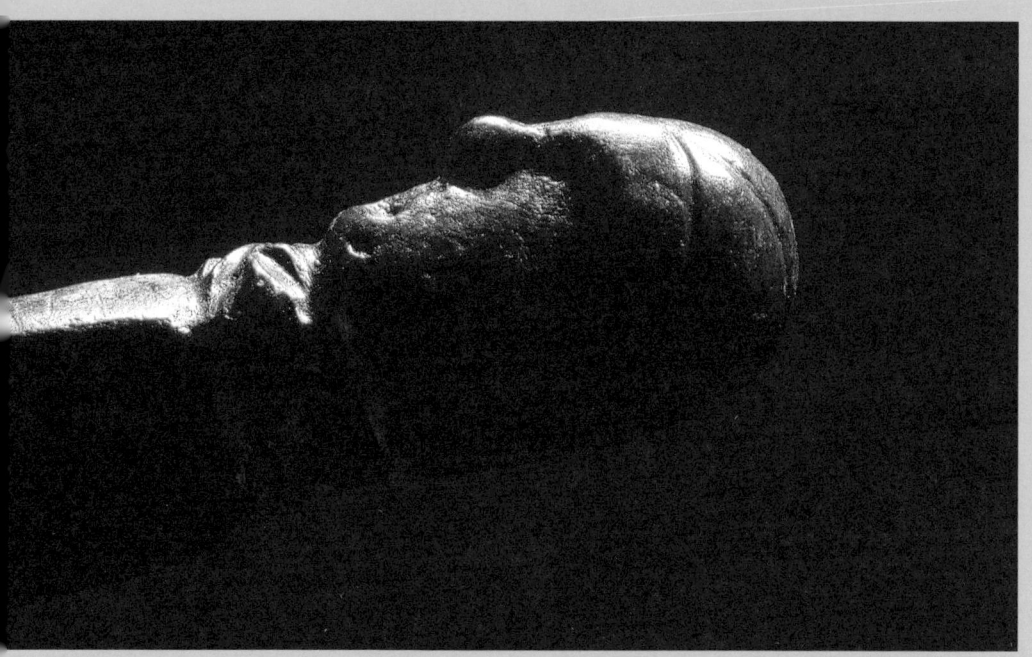

Bronzemesser, 10. Jahrhundert v. Chr.

sich in dieser Zeit Bauern beim Spalenberg und auf dem Münsterhügel niederliessen. Letzterer bot mit seinen steilen Hängen Schutz und wurde in der frühen Geschichte immer wieder als Zufluchtort genutzt. Siedlungsspuren aus der frühen und mittleren Bronzezeit (2200–1300 v. Chr.) wurden in der Nähe der Martinskirche gefunden. Eine Siedlung in der späten Bronzezeit, die etwa fünfhundert Jahre bestand (1300–800 v. Chr.), scheint gar befestigt gewesen zu sein. Jedenfalls wurde in der Martinsgasse ein Graben gefunden, zu dem vermutlich ein Wall gehörte. Das interessanteste Objekt dieser Zeit kam allerdings nicht auf dem Münsterhügel zutage, sondern in einer Siedlung, die Archäologen unter dem Namen Basel-Gasfabrik kennen (siehe unten, S. 14).

Es handelt sich um ein kleines Bronzemesser mit einem menschlichen Kopf an der Spitze des Griffes. Nach wie vor gibt es viele Rätsel auf. Wozu wurde es verwendet? Wie kam es an diesen Ort, wo alle übrigen Objekte achthundert Jahre jünger sind? Wurde es in der Gegend hergestellt? Das ist eine spannende Frage, denn Bronze ist eine Legierung aus Kupfer und Zinn. Während Kupfer in der Gegend vorkommt, musste Zinn entweder aus dem Osten Europas oder aus Spanien importiert werden. Das bedeutet Handel. Handel wiederum erfordert Strukturen. Es spricht einiges dafür, dass hier an der Wende zur Eisenzeit eine gut organisierte, kulturell fortgeschrittene Gesellschaft lebte. Wer diese Menschen waren, wissen wir dank der Haartracht unseres kleinen Kopfes und dem typischen Halsschmuck, dem sogenannten Torques. Es waren Kelten.

Rekonstruktion des Murus Gallicus in der Rittergasse

DIE KELTEN

Auf viele Menschen üben die Kelten eine ungeheure Faszination aus. Neu ist das nicht: Schon das 19. Jahrhundert kannte eine Keltenbegeisterung. Als 1848 der moderne schweizerische Bundesstaat entstand, erhielt er den offiziellen Namen ‹Confoederatio Helvetica› (die Abkürzung CH verwirrt heute Automobilisten und Internet-Nutzer). Damit griff man stolz auf mysteriöse und ferne ‹Ahnen› zurück, denn als Helvetier bezeichneten die Römer jene Kelten, die zwischen Jura und Alpen lebten.

Möglicherweise ist die Tatsache, dass wir über die Kelten herzlich wenig wissen, ein Grund für deren Beliebtheit. Vieles von dem, was man hören und lesen kann, entspringt reinem Wunschdenken. Dass beispielsweise ihre Gesellschaft matriarchalisch war, halten Experten für höchst unwahrscheinlich. Auch über ihre Mythen und Rituale wissen manche Esoteriker mehr als Archäologen und Historiker (so entpuppte sich kürzlich ein ‹uraltes keltisches Baumhoroskop› als polnischer Gartenkalender aus den 1950er-Jahren). Die Kelten selbst haben keinerlei schriftliche Zeugnisse hinterlassen. Als Quellen dienen uns einzig archäologische Funde sowie Berichte, die Griechen und Römer (also Fremde) über sie verfasst haben. Letztere sind wiederum mit Vorsicht zu geniessen. Wenn etwa Tacitus in seinem Werk ‹Agricola› das einfache, ländliche Leben der Kelten preist, besteht sein eigentliches Anliegen darin, die Dekadenz Roms zu kritisieren. Wenn Caesar ihre Tapferkeit hervorhebt, wirkt sein Sieg über sie umso heroischer. Den-

Tief schürfend: ein Archäologe an der Arbeit in der Rittergasse

noch ist Caesars Bericht ‹De bello gallico› (über den Gallischen Krieg) eine der wichtigsten Quellen über die spätkeltische Kultur auf dem europäischen Festland.

Die Kelten bildeten keine eigentliche ethnische Einheit. Vielmehr waren es unterschiedliche Stämme, die durch eine ähnliche Sprache und Kultur miteinander verbunden waren. Sie tauchten erstmals in der späten Bronzezeit (1200–800 v. Chr.) in Böhmen, Österreich und Süddeutschland auf. Um 500 v. Chr. hatten sie sich in ganz Europa ausgebreitet, von Grossbritannien und Frankreich bis hin zum Schwarzen Meer und sogar in der Türkei. In der späten Eisenzeit (450–50 v. Chr.) war die Schweiz ein Zentrum keltischer Kultur. Tatsächlich wird die ganze spätkeltische Periode nach einem Fundort am Neuenburger See, La Tène, benannt. Es waren die schon erwähnten Helvetier, deren Spuren sich im ganzen Schweizer Mittelland finden. Offenbar wurden sie von Germanen aus dem Norden bedrängt, so dass sie 58 v. Chr. beschlossen, nach Südfrankreich auszuwandern. Ob sie, wie Caesar berichtet, vor ihrem Auszug wirklich ihre Dörfer und Höfe in Brand steckten, liess sich bisher archäologisch nicht nachweisen. Diesem Exodus stellte sich Julius Caesar, damals Statthalter der römischen Provinz Gallia Narbonensis, entgegen. Er schlug nach eigenen Berichten die Helvetier und ihre Verbündeten bei Bibracte in der Nähe des heutigen Autun und schickte sie in ihr angestammtes Gebiet zurück. Dies war der Auftakt zu den Gallischen Kriegen. In

So könnte das Tor zum keltischen Oppidum auf dem Münsterhügel ausgesehen haben

den folgenden Jahren unterwarf Caesar alle Kelten links des Rheins. Ihre Gebiete wurden kolonialisiert, aus den Kelten wurden Galloromanen und ihre einzigartige Kultur und Sprache verschwanden zunehmend.

BASEL-GASFABRIK

Als 1911 in der Nähe der Dreirosenbrücke ein neuer Gastank gebaut werden sollte, fand man bei den Arbeiten nicht nur das erwähnte Bronzemesser, sondern auch Spuren einer Siedlung, die seither den prosaischen Namen Basel-Gasfabrik trägt. Offenbar beschloss um das Jahr 150 v. Chr. eine grössere Gruppe von Kelten aus dem Stamme der Rauriker, sich hier in der Nähe des Flusses niederzulassen. Es handelt sich dabei um die erste grössere Siedlung auf dem heutigen Stadtgebiet. Sie umfasste ein Areal von etwa fünfzehn Hektaren. Eine Befestigung fehlte, doch sonst zeigte die Siedlung alle Merkmale einer kleinen Stadt: ein regelmässiges Strassennetz, Häuser aus Holz und Lehm, einen Friedhof im Norden sowie etwa dreihundertfünfzig Gruben unterschiedlicher Grösse. Einige dienten der Lagerung von Waren, andere als Werkstätten von Töpfern und Schmieden. Archäologen machten auch seltsame Funde: Was soll man von einem Skelett halten, dessen Füsse, säuberlich abgetrennt, neben dem Schädel lagen? In einer anderen Grube fand man

Amphoren und Schädel. Dies erinnert an Berichte des Griechen Diodor über keltische Rituale mit den abgeschlagenen Köpfen ihrer Gegner. Die Amphoren waren aus Südfrankreich importiert. Dies und die Münzen, die hier geprägt wurden, zeigen, dass Basel-Gasfabrik ein kleines Handelszentrum war, das jedoch nur etwa siebzig Jahre lang bestand. Weshalb die Siedlung um das Jahr 80 v. Chr. aufgegeben wurde, ist unklar. Möglicherweise wurde sie von Germanen bedroht. Ebenso unklar ist, ob die Bewohner die Gegend verliessen oder ob sich nicht zumindest einige von ihnen auf den Münsterhügel zurückzogen.

DAS OPPIDUM AUF DEM MÜNSTERHÜGEL

Die zweite keltische Siedlung Basels befand sich auf dem Münsterhügel und kann als Keimzelle der späteren Stadt betrachtet werden. Bis vor Kurzem wurde das Oppidum, eine befestigte Hügelsiedlung, auf etwa 50 v. Chr. datiert. Doch lässt sich aufgrund neuerer Forschungen nicht ausschliessen, dass zumindest einige der Kelten von Basel-Gasfabrik hier Zuflucht suchten. Unklar ist, ob der Keltenwall, der Murus Gallicus, schon damals errichtet wurde oder erst dreissig Jahre später – möglicherweise von einem anderen Stamm. Denn die Rauriker, also die Kelten, die in dieser Gegend lebten, schlossen sich dem Auszug der Helvetier nach Südfrankreich an. Es ist nicht gesagt, dass es dieselben waren, die hierher zurückkehrten (dies würde die Unterschiede zwischen den Funden von Basel-Gasfabrik und dem Oppidum erklären). Wie dem auch sei – die Rauriker wurden von Caesar mit dem Auftrag zurückgeschickt, die Grenze gegen die germanischen Stämme im Norden zu befestigen. Ein kluger Schachzug römischer Politik bestand darin, besiegte Gegner nicht zu Untertanen zu machen, sondern zu Verbündeten. Zu diesem Zweck liessen die Römer häufig die sozialen Hierarchien intakt. Die Helvetier erwiesen sich allerdings nicht als verlässlich. Sie (und die Rauriker) unterstützten 52 v. Chr. den gescheiterten Aufstand von Vercingetorix. Nun beschlossen die Römer, das Gebiet nördlich der Alpen zu kolonialisieren.

MURUS GALLICUS

«Alle gallischen Befestigungen sind ungefähr folgendermassen konstruiert: Waagrechte Hölzer werden fortlaufend im Abstand von zwei Fuss auf den Baugrund gelegt. Im Innern werden sie befestigt und mit viel Erde bedeckt; die Zwischenräume der Balken an der Frontseite werden mit grossen Steinen ausgefüllt. (...) Diese Art Befestigung hat den Vorteil, dass sie durch die Steine vor Feuer, durch die Hölzer aber, die im Innern durch 40 Fuss lange Balken miteinander verbunden sind, vor dem Rammbock geschützt ist». (Julius Caesar, De bello gallico, 7,23)

Man kann sich die Begeisterung der Archäologen vorstellen, als sie 1971 in der Rittergasse auf Überreste stiessen, die der Beschreibung Caesars fast bis ins Detail entsprachen. Dies war der Beweis, dass die Siedlung auf dem Münsterhügel keine römische Gründung war, wie man bisher angenommen hatte. Hier lebten schon vorher Kelten in einer befestigten Siedlung.

Der Befestigungswall muss beeindruckend gewesen sein: etwa sechs Meter hoch und (mit der Rampe im Innern) zwölf Meter breit. Der Graben in der heutigen Bäumleingasse war sieben Meter tief und dreissig Meter breit. Bei der heutigen Rittergasse gab ein Torweg Zugang zur Siedlung. Die Rittergasse ist im Übrigen Basels älteste Strasse. Zwei Meter unter dem heutigen Belag findet sich die intakte keltische Strasse.

Eine Teilrekonstruktion des Murus Gallicus kann in der Rittergasse bewundert werden. Im archäologischen Park bieten grosse Bodenfenster Einblicke in die Arbeit der Archäologischen Bodenforschung. Es ist nur ein Beispiel für das Bemühen, Grabungsergebnisse, wenn immer möglich, in permanenten Ausstellungen zugänglich zu machen. Weitere Informationsstellen sind etwa die karolingische Aussenkrypta unter der Pfalz oder der archäologische Keller im Teufelhof, wo Reste der ersten beiden mittelalterlichen Mauern besichtigt werden können.

Hans Michel, Standbild des
Lucius Munatius Plancus im Rathaushof, 1580

DIE RÖMER

In der Primarschule (Volksschule) führte uns der Lehrer eines Tages in den Rathaushof, um uns die Statue von Lucius Munatius Plancus zu zeigen. Dies, erklärte er uns, sei der Gründer Basels. Natürlich waren wir tief beeindruckt und repetierten den schönen Namen im Chor. Unser Lehrer konnte natürlich damals nicht wissen, dass Basel älter ist. Der Murus Gallicus wurde erst einige Jahre später entdeckt. Zuvor galt Munatius Plancus als Stadtgründer, seitdem im 16. Jahrhundert Humanisten die Inschrift seines Grabes in Gaëta (Italien) publiziert hatten.

Munatius Plancus war römischer Feldherr, Staatsmann und 44 v. Chr. Gouverneur der neu geschaffenen Provinz Gallia Comata. Seine Grabinschrift besagt, dass er in dieser Funktion die Colonia Raurica gegründet habe. Dies verwirrt Gelehrte bis heute, da die frühesten Funde in Augst erst aus der Zeit um 15 v. Chr. datieren. Einige sind der Meinung, dass Munatius Plancus seine Kolonie auf dem Münsterhügel gründete. Andere glauben, dass die Koloniegründung nur auf dem Papier erfolgte. Dies könnte mit dem nach der Ermordung Caesars ausbrechenden Bürgerkrieg zusammenhängen: Die Veteranen, die üblicherweise in neuen Kolonien Land zugesprochen erhielten, hatten anderes zu tun als zu pflügen und eine Stadt zu bauen. Erst knapp dreissig Jahre später, zur Zeit des Kaisers Augustus, wurde die Koloniegründung erneuert, und zwar nicht auf dem Münsterhügel, sondern zehn Kilometer rheinaufwärts. Die Hauptstadt erhielt den schönen Namen ‹Colonia Paterna Pia Apollinaris Augusta Emerita Raurica›.

Der Besuch von Augst, der grössten archäologischen Grabungsstätte der Schweiz, ist für alle an der Römerzeit Interessierten ein Muss. Die erhaltenen Ruinen und das Museum vermitteln einen Eindruck vom Reichtum der Stadt, in der 12 000 – 15 000 Menschen lebten.

Den steilen Hügelsporn über dem Rheinknie nutzten die Römer zunächst zu militärischen Zwecken. Schon im keltischen Oppidum scheint sich römisches Militär aufgehalten zu haben, wie ein Schwertfragment und ein phallisches Amulett aus der Zeit Caesars nahelegen. Als 15 v. Chr. die Kolonie neu gegründet wurde, übersiedelte die keltische Bevölkerung vermutlich nach Augst. Ihre Häuser und der Schutzwall wurden zerstört und das Oppidum in ein Militärlager umgewandelt. Dies war Teil einer gross angelegten Operation: Die Römer bereiteten einen Feldzug gegen die Germanen vor, der 9 n. Chr. mit der kläglichen Niederlage im Teutoburger Wald endete. Wir wissen nicht, wie es Titus Torius in diesem Feldzug erging. Er hatte auf dem Münsterhügel sein Namensschild hinterlassen. Es ist der erste ‹Basler›, den wir mit Namen kennen.
Siebzig Jahre später agierten die Römer wesentlich erfolgreicher. In mehreren Feldzügen schoben sie die Grenzen immer weiter nach Norden. Ab 130 n. Chr. errichteten sie zwischen Mainz und Regensburg einen massiven Grenzwall, den ‹Limes Germanicus›. Die Gegend am Rheinknie lag nun im Hinterland ihres befriedeten Reiches. Von dieser beinahe zweihundert Jahre währenden Friedenszeit profitierte vor allem Augusta Raurica. Vor dem einstigen Oppidum auf dem Münsterhügel, beim heutigen Antikenmuseum, entstand ein unbedeutender *vicus*, abseits der grossen Römerstrassen. Die Strasse von Augst ins Elsass verlief entlang dem Bruderholz und der heutigen Holeestrasse, diejenige nach Norden überquerte den Rhein bei Augst und passierte die heutigen Orte Grenzach, Riehen und Weil. Eine grosse Villa oder ein *vicus* lag beim heutigen ‹Hörnli›, dem städtischen Friedhof. Zudem wurden in Riehen Reste zweier gallorömischer Tempel gefunden.

Im 3. Jahrhundert wurde das Römische Reich wiederholt von Wirtschaftskriegen, Epidemien und Bürgerkriegen erschüttert. Als Kaiser Gallienus 260 die Grenztruppen im Norden abzog, um den Usurpator Postumus in Gallien zu bekämpfen, überrannten verschiedene germanische Stämme den Limes und zogen, eine blutige Spur hinterlassend, nach Süden und nach Westen. Sie konnten erst in Norditalien gestoppt werden. Obschon sie zurückgedrängt wurden, konnte der Limes Germanicus nicht mehr gehalten werden. Verschiedene germanische Stämme liessen sich im spärlich besiedelten Dekumatland nördlich des Rheins und der Donau nieder. In den Römerstädten auf der anderen Seite des Flusses winkte ihnen fette Beute …
Es scheint, dass Augusta Raurica 260 weitgehend verschont worden war. Dennoch war das Schicksal der Stadt besiegelt. Der Todesstoss erfolgte um 275, als Augst von Germanen geplündert und zerstört wurde. Die Stadt erholte sich nicht mehr, obwohl

die Römer die Kontrolle wiedererlangten. Nur die Unterstadt am Rhein, in der Blütezeit ein Gewerbeviertel, blieb besiedelt. Dort errichtete das Militär ein grosses Kastell, das ‹Castrum Rauracense›.

Offenbar wurde um 275 auch der *vicus* auf dem Münsterhügel zerstört. Im Gegensatz zu Augusta Raurica bedeutete dies nicht das Ende der Besiedlung. Eine neue Mauer wurde über dem beinahe dreihundert Jahre zuvor niedergerissenen Murus Gallicus errichtet. Sie umfasste das gesamte Hügelplateau. Zu ihrem Bau verwendete man auch Spolien (bearbeitete Steine und Bauteile) aus dem zerstörten Augst. (Ein Beispiel, das Schule machte: Bis in die frühe Neuzeit diente Augusta Raurica als Steinbruch.) Die Häuser der Siedlung, teils aus Fachwerk, teils aus Stein, standen entlang der Mauer. Eine grosse Fläche in der Mitte, der heutige Münsterplatz, blieb frei. Hier versorgte ein über zwanzig Meter tiefer Ziehbrunnen die Siedlung mit Wasser (er ist heute mit einer unscheinbaren Betonplatte zugedeckt).

Hundert Jahre später mussten die Römer die Befestigungen am Rhein erneut verstärken. Am rechten Flussufer (bei der heutigen Utengasse) wurde ein Wehrbau errichtet. Die Arbeiten scheinen vom Kaiser Valentinian I. höchstpersönlich inspiziert worden zu sein. Der römische Autor Ammianus Marcellinus berichtet jedenfalls von einem Besuch dieses Kaisers im Jahr 374. Interessant ist dieser Text vor allem deshalb, weil in ihm kurz vor dem Ende der römischen Herrschaft zum ersten Mal der Name ‹Basilia› erwähnt wird.

NOBEL ODER MONSTRÖS? DER NAME DER STADT

Woher der Name Basel kommt und was er bedeutet, hat die Menschen schon früh beschäftigt. Im Mittelalter glaubte man, der Name käme vom Basilisken. Eines dieser tödlichen Monster, halb Drache, halb Hahn, soll einst in einer Höhle bei der heutigen Gerbergasse gehaust haben. Im 15. Jahrhundert wurde der Basilisk gar zum Basler Wappentier erkoren: «Basellischgus du giftiger wurm und böser Fasel / nu heb den schilt der wirdigen stat Basel», heisst es in einer Handschrift aus dem Jahr 1448. Namensgeber der Stadt war er allerdings mit Sicherheit nicht, was seiner Beliebtheit aber keinen Abbruch tut: Seinen Namen tragen unter anderem ein Sportverein, ein Hotel, ein Reisebüro und ein lokales Radio.

Im 13. Jahrhundert tauchte eine neue Idee auf: Der Name leite sich vom griechischen *basileus* (König) ab. Doch so edel dies klingt – Basel war in der frühen Zeit sicher nie königlich. Schon der bedeutende elsässische Humanist Beatus Rhenanus lehnte diese Deutung ausdrücklich ab. So gingen denn die Spekulationen weiter. Insgesamt gibt es etwa acht oder neun mehr oder weniger plausible Erklärungsversuche. Der für mich einleuchtendste ist der, dass sich der Stadtnamen von einem Eigennamen, vielleicht demjenigen eines keltischen Adligen, herleitet. Doch bleibt die einzig vernünftige Antwort auf die Frage, was der Name Basel bedeutet ist: Wir wissen es nicht, und es ist unwahrscheinlich, dass wir es je herausfinden.

FRÜHE SPUREN (VON DEN ANFÄNGEN BIS INS FRÜHE MITTELALTER)

Ferdinand Schlöth, Basilisk an der Wettsteinbrücke, 1879

Fränkische Scheibenfibel, 7./8. Jahrhundert

ALAMANNEN UND FRANKEN

Auf die alamannischen Wurzeln wird in der Schweiz kaum je mit demselben Stolz verwiesen wie auf die mysteriösen keltischen, obwohl uns die Alamannen wesentlich näher sind. Schliesslich sind sämtliche Deutschschweizer Dialekte alamannisch. Doch hatten die Alamannen, wie die meisten Germanen, schon früh ein Imageproblem. Auch sie haben keine schriftlichen Zeugnisse hinterlassen, so dass wir uns einmal mehr auf römische Autoren stützen müssen. Die Kelten waren von den Römern gezähmt worden und konnten rücksichtsvoll behandelt werden. Dies gelang jedoch mit den ‹wilden› Germanen im Norden nie. So blieben sie in den Augen der Römer blutrünstige Barbaren, zu jeder Schandtat bereit und eine konstante Bedrohung. Tatsächlich waren es Germanen, die im 5. Jahrhundert den Untergang des Weströmischen Reiches herbeiführten. Die vorwiegend negative Haltung der römischen Autoren hat die Geschichtsschreibung jahrhundertelang beeinflusst.

Doch wer waren die Alamannen und woher kamen sie? Ältere Forscher gingen davon aus, dass es sich bei ihnen um *ein* Volk aus dem Elbgebiet handelte, das im 3. Jahrhundert nach Süden drängte. Tatsächlich waren es aber verschiedene Stämme, die sich nach 260 im Dekumatland zwischen Donau und Bodensee niederliessen. Erst hier bildeten sie, durch Handel und kulturellen Austausch, die Merkmale einer eigenen Ethnie heraus. Genau dies bedeutet auch ihr Name: Männer aller (das heisst unterschiedlicher)

Herkunft. Dass die Alamannen nur nach römischem Blut dürsteten, stimmt natürlich nicht. Sicherlich gab es Überfälle, aber auch lange Perioden friedlicher Koexistenz, in denen sie mit den Römern Handel trieben und diplomatische Beziehungen unterhielten. Viele Alamannen dienten gar als Söldner in der römischen Armee.
Wir wissen nicht, was geschah, als in der Mitte des 5. Jahrhunderts die römische Provinzverwaltung zusammenbrach und die Armee zurückgezogen wurde. Offenbar blieben die Alamannen zunächst dort, wo sie waren. Erst im 6. Jahrhundert begannen sie, sich im Gebiet der heutigen Schweiz anzusiedeln. Damals wurden sie bereits von den Franken kontrolliert, nachdem sie 496 die entscheidende Schlacht gegen den fränkischen König Chlodwig verloren hatten. Die Franken waren die wahren Erben des Römischen Reiches nördlich der Alpen. Ihre Dominanz fand im Reich Karls des Grossen ihren Höhepunkt. Zu diesem Reich gehörte selbstverständlich auch Basel.

In die Gegend am Rheinknie kamen die Alamannen relativ spät – vermutlich weil hier die römischen Grenzbefestigungen stärker waren als anderswo. Sie lebten in kleinen Dörfern und auf Höfen. Ihre Häuser bauten sie aus Holz, weshalb von ihren Siedlungen kaum etwas übrig geblieben ist. Erhalten haben sich meist nur Gräber und die Beigaben, mit denen die Toten bestattet wurden (die Lektüre wissenschaftlicher Studien über sie empfiehlt sich deshalb nur, wenn man eine ausgesprochene Leidenschaft für rostige Schwerter und sogenannte Fibeln oder Gewandnadeln hat). Die ersten alamannischen Siedlungen in der Gegend lagen alle auf der rechten Rheinseite: in Kleinhüningen, in der Nähe der heutigen Schwarzwaldbrücke und in Herten (D). Die ältesten Funde datieren aus dem frühen 5. Jahrhundert, der Zeit also, in der die römische Verwaltung kollabierte. Hundert Jahre später stagnierte die Bevölkerung in Herten und Kleinhüningen, und das Dorf bei der Schwarzwaldbrücke wurde gar gänzlich aufgegeben. Die Alamannen begannen, in die heutige Schweiz einzuwandern. Ortsnamen, die auf -ingen oder -ikon enden, sind häufig ein Indiz für ihre Siedlungen.
Im 7. Jahrhundert wuchs die Bevölkerung in Kleinhüningen wieder an; es wurde sogar ein neues Dorf in der Nähe der heutigen Theodorskirche errichtet. Dafür gab es einen Grund: Die rechtsrheinischen alamannischen Häuptlinge hatten eine gewisse Unabhängigkeit von den Franken errungen und befestigten die Grenzregion am Rhein. Die Unabhängigkeit hatte zur Folge, dass für die mittlerweile christianisierten Alamannen ein neues ‹alamannisches› Bistum geschaffen wurde: die Diözese Konstanz. Die Grenze zum Bistum Basel bildeten Rhein und Aare, und diese Grenze bestand bis 1821. Wenn also im Mittelalter die Kleinbasler mit der Kirche zu schaffen hatten, mussten sie eine weite Reise antreten, obwohl ihr Stadtherr auf der anderen Rheinseite auch ein Bischof war ...

Die linke Rheinseite wurde von den Franken kontrolliert. Sie liessen sich ursprünglich nicht hier nieder, sondern beauftragten die Alamannen, die ehemaligen römischen

Provinzen zu ‹kolonialisieren›. An strategisch wichtigen Orten residierten fränkische Adelsfamilien, welche die Bevölkerung kontrollierten und vermutlich Steuern einzogen. Eine solche Familie hat zwischen 540 und 600 am Bernerring, in unmittelbarer Nähe zur alten Römerstrasse ins Elsass, gelebt. Ihr Reichtum zeigt sich in einer ungemein prachtvollen Grabkammer, die dort ausgegraben wurde: Der Leichnam lag auf einem hölzernen Bett, über seinem Haupt hing ein Schild an der Wand, an seiner Seite lag ein Schwert. Die Kammer war mit Keramik, Kunsthandwerk und Waffen gefüllt. Zudem fand sich ein sogenannter Ango, eine besondere Lanze, die ausschliesslich fränkischen Adelsfamilien vorbehalten war – vermutlich war sie das Symbol der herrschaftlichen Gewalt.

Was aber war mit den Romanen auf dem Münsterhügel passiert? Waren sie, wie man früher vermutete, getötet oder vertrieben worden? Die Antwort lautet nein. Ihr Gräberfeld in der Aeschenvorstadt wurde noch im 8. Jahrhundert genutzt. Es sieht so aus, als ob für lange Zeit Alamannen, Franken und Romanen in friedlicher Nachbarschaft lebten. Doch zeigen die Funde auf dem Münsterhügel auch, dass die fränkische Bevölkerung kontinuierlich wuchs, während die romanische abnahm. Zum Zeitpunkt, in dem die schriftliche Überlieferung einsetzt (9. Jahrhundert), sind alle Namen germanisch.

Doch kommen wir zum Abschluss dieses Kapitels zu meinem Lieblingsobjekt dieser Epoche. Es handelt sich um eine bronzene Scheibenfibel mit der seltsamen Darstellung eines Kopfes. Experten glauben, es handle sich um eine Heiligendarstellung. Gestützt wird die Interpretation durch die Tatsache, dass die Fibel bei Grabungen in der Martinskirche, Basels ältester Pfarrkirche, gefunden wurde. Der heilige Martin war der fränkische Nationalheilige. Basel war also bis zum 8. Jahrhundert zu einer fränkischen Stadt geworden. Kirche und möglicherweise auch die Fibel zeigen zudem, dass das Christentum in dieser Zeit fest etabliert war, ja mehr noch: Basel stieg damals zum spirituellen Zentrum der Region auf. Das Bistum Basel wurde gegründet und dessen Oberhaupt, der Bischof, residierte fortan auf dem Münsterhügel.

UNTERM KRUMMSTAB
800 – 1250

Das ‹älteste Stadtbild›, kolorierter Holzschnitt
nach einer verschollenen Vorlage aus dem 15. Jahrhundert

UNTERM KRUMMSTAB
800–1250

«Die Stadt Basel ist am Bistum emporgewachsen wie das Efeu an der Mauer», schrieb der Basler Basler Kaufmann Andreas Ryff 1597. Damals war Basel schon lange eine protestantische Stadtrepublik. Doch nach wie vor schmückte das Hoheitszeichen des mittelalterlichen Stadtherrn, der Krummstab, das Basler Wappen – und das ist bis heute so geblieben.

Der Bischof von Basel war im gesamten Mittelalter sowohl geistiges als auch weltliches Oberhaupt der Stadt. Seine Macht endete keineswegs bei den Stadttoren. In kirchlichen Dingen unterstand ihm das Bistum Basel, das sich im Süden bis in den Jura, im Norden bis nach Colmar erstreckte. Sein weltlicher Herrschaftsbereich war deutlich kleiner und lag vor allem im Süden der Stadt. Nach der Jahrtausendwende wuchs er stetig und entwickelte sich zum Fürstbistum Basel. Die Grenzen der Diözese hingegen wurden schon wesentlich früher festgelegt.

Der Palast des Stadtherrn: der 1458 vollendete Bischofshof neben dem Münster

FRÜHES CHRISTENTUM UND DIE ERSTEN BISCHÖFE

Die Anfänge des Bistums lassen sich bis in die späte Römerzeit zurückverfolgen. Zweimal, 343 und 346, wird ein *Iustinianus, episcopus rauracorum* (Justinian, Bischof der Rauriker) erwähnt. Sein Sitz war im Castrum Rauracense (im heutigen Kaiseraugst), dem Zentrum der römischen Provinz nach dem Untergang von Augusta Raurica. 313 war, nach einer langen Zeit der Verfolgung, das Christentum im Römischen Reich zugelassen worden. 380 wurde es gar zur Staatsreligion erklärt. Doch blieb es in den nördlichen Provinzen die Religion einer privilegierten Oberschicht. Es gibt genügend Beweise dafür, dass alte heidnische Riten nach wie vor praktiziert wurden. So überrascht es nicht, dass das kleine Bistum Augst den Zerfall des Römischen Reiches nicht überlebte.

Christliche Symbole tauchen in der Region erst im frühen 7. Jahrhundert wieder auf. Um 600 wurde ein gewisser Ragnachar als Bischof von Augst und Basel bezeichnet. Die alte Diözese war also wieder auferstanden, allerdings nur für kurze Zeit. Denn der Bischof von Strassburg und die Klöster seiner Diözese (zum Beispiel Murbach) profitierten von einer besonderen politischen Konstellation am Oberrhein und wurden von den Etichonen, einer fränkischen Adelssippe im Elsass, mit Gebieten und Kirchen beschenkt, die eigentlich in der ehemaligen Augster Diözese lagen. Das bedeutet, dass diese schon in der Mitte des 7. Jahrhunderts nicht mehr bestand.

Erst als im Fränkischen Reich die Karolinger die Macht übernahmen, kam es 740 zu einer Neuorganisation der Bistümer und zu einer Wiedergeburt der alten Augster Diözese. Ihr Sitz war allerdings nicht mehr in Augst, sondern in Basel.

Unter den frühen Basler Bischöfen ist Haito sicherlich der bedeutendste. Er war nicht nur Bischof von Basel (reg. 803–823), sondern auch Abt der Reichenau, des einflussreichsten Klosters der Zeit und Zentrums der ‹karolingischen Renaissance›. Haito war ein enger Berater Karls des Grossen, der ihn 811 auf diplomatische Mission nach Konstantinopel schickte; er war auch zugegen, als das Testament Karls unterzeichnet wurde. In seiner Zeit als Basler Bischof liess er eine Kathedrale bauen. Es war wohl das erste Basler Münster.

Ein Mann wie Haito zeigt, wie eng Politik und Kirche im Mittelalter miteinander verflochten waren. Nicht nur, dass hohe Prälaten kräftig in der Politik mitmischten; Glaube und religiöse Symbolik führten manchmal zu politischen Handlungen, die uns heute eher seltsam vorkommen. Zum Beispiel, dass Basel für eine Lanze ans Königreich Burgund verschachtert wurde.

DER PREIS EINER LANZE

In Wien wird heute eine Lanze aufbewahrt, die aussieht wie jede andere. Aber sie war natürlich etwas Besonderes. Im Mittelalter waren die Menschen davon überzeugt, dass in ihr ein Nagel vom Kreuz Christi verarbeitet war. Andere glaubten, es handle sich um die Lanze des Longinus, mit der Christus am Kreuz in die Seite gestochen worden war. Wie auch immer: Es war ein unermesslicher Schatz, und König Rudolf I. von Burgund, in dessen Besitz sie war, hatte nicht vor, sie aus der Hand zu geben. Doch der deutsche König Heinrich I. wollte sie unbedingt haben und übte sanften Druck aus (zum Beispiel mit der Drohung, das burgundische Königreich zu verwüsten). 923 übergab ihm schliesslich Rudolf die kostbare Reliquie. Im Austausch dafür erhielt er, wie der Chronist Liutprand von Cremona berichtet, einen «nicht unbeträchtlichen Teil Schwabens», wozu auch Basel gehörte.

Doch wie verhält es sich mit diesem Königreich Burgund, zu dem Basel etwa ein Jahrhundert lang gehörte? Was war mit dem Fränkischen Reich Karls des Grossen geschehen? Nachdem der Sohn Karls des Grossen, Ludwig der Fromme, gestorben war, wurde das Reich 843 unter seinen Söhnen aufgeteilt. Der westliche Teil entwickelte sich später zu Frankreich, der östliche zu Deutschland. Dazwischen befand sich das Reich Lothars, das sich von der Nordsee bis nach Italien erstreckte. Nach Lothars Tod zerfiel dieses Mittelreich. Der nördliche Teil wurde zwischen dem West- und dem Ostfränkischen Reich aufgeteilt. Im Süden entstanden zwei neue Königreiche: Italien und Burgund.

Zur besseren Unterscheidung wird Letzteres auch Königreich Hochburgund genannt, denn mit Burgund wurden zu verschiedenen Zeiten ganz unterschiedliche Gebiete bezeichnet. Das Zentrum dieses Reiches lag im Gebiet der heutigen Westschweiz, sein Hauptort war St-Maurice. Doch hatte der erste König, der erwähnte Rudolf I., sein Einflussgebiet schon vor 923 bis zum Rhein ausgedehnt. Heinrich I. gab also nur ein Gebiet preis, das er schon verloren hatte, während Rudolf mit der Übergabe der Lanze die formelle Oberherrschaft des deutschen Kaisers anerkannte und zugleich seine Unabhängigkeit bewahrte.

Rudolfs Beute war nicht so fett, wie man sich das vielleicht vorstellt. Basel war zwar Bischofssitz, aber die Stadt war ziemlich klein und unbedeutend. Besiedelt war nur der Münsterhügel; die Einwohnerzahl dürfte kaum mehr als tausend betragen haben. Zudem war die Stadt 917, also sechs Jahre vor der Übergabe, von Magyaren überfallen und verwüstet worden. Dabei soll auch der Bischof, ein gewisser Rudolf, getötet worden sein, wenn man der Inschrift auf einem Sarkophag im Münster glauben will.
Im Lauf des 10. Jahrhunderts erholte sich die Stadt zusehends. Silbermünzen wurden in grosser Zahl geprägt; ein untrügliches Zeichen wachsenden Wohlstands. In der Talstadt lassen sich erste Siedlungsspuren fassen, auch auf dem Rosshofareal oben am Spalenberg konnten Grubenhäuser aus dieser Zeit nachgewiesen werden. Zudem beschenkte 999 der Burgunderkönig Rudolf III. den Basler Bischof mit der Abtei Moutier-Grandval. In der Zeit, als Basel Vorposten eines vergleichsweise schwachen Königreiches war, wurde das Fundament für späteres Wachstum gelegt. Der wirkliche Aufschwung erfolgte allerdings erst, als der deutsche Kaiser Heinrich II. sein Auge auf das Königreich Burgund warf.

DER HEILIGE KAISER

Die berühmte goldene Altartafel war einst das Prunkstück des Basler Münsterschatzes. Sie gelangte ins Musée de Cluny in Paris, nachdem ein Teil des Schatzes im Anschluss an die Kantonstrennung von 1833 versteigert worden war. Bei genauer Betrachtung sieht man zu Füssen Christi zwei kniende Figuren. Bei ihnen soll es sich um den deutschen Kaiser Heinrich II. und seine Gattin Kunigunde handeln. Beide wurden im 12. Jahrhundert heilig gesprochen.
Die Altartafel soll von Heinrich geschenkt worden sein, als er 1019 an der Weihe des neu errichteten Münsters teilnahm (dessen Bau er finanziert habe). Zudem habe der Kaiser das ärmliche Bistum mit Gaben überhäuft: Territorien, Jagdgründe, Geld. Die Überlieferung wird allerdings von zeitgenössischen Quellen kaum gestützt. Niedergeschrieben wurde sie erst im 15. Jahrhundert, nachdem 1347 Reliquien des heiligen Paares nach Basel übergeführt und Heinrich und Kunigunde zu Schutzpatronen des Bistums erklärt worden

Vergoldeter Abguss der goldenen Altartafel aus dem Münsterschatz

waren. Zwar scheint Heinrich bei der Münsterweihe tatsächlich in Basel gewesen zu sein. Die goldene Altartafel jedoch, der glänzendste ‹Beweis› seiner Gunst, war höchstwahrscheinlich für eine Kirche in Bamberg bestimmt und kam erst nach Heinrichs Tod nach Basel. Die Besitztümer, die der heilige Kaiser dem Bischof geschenkt hat, sind kaum der Rede wert. Für das Gedeihen des Fürstbistums im 11. Jahrhundert waren die Schenkungen von Heinrichs Nachfolgern sehr viel bedeutender. Dennoch: Die Zuwendungen dreier deutscher Kaiser in den ersten Jahrzehnten des neuen Jahrtausends trugen wesentlich zur Entwicklung der Stadt bei.

Das imperiale Interesse begann, als deutlich wurde, dass der Burgunderkönig Rudolf III. ohne Nachkommen bleiben würde. Auf sein Erbe spekulierten viele, unter anderem der König von Frankreich. Die besten Chancen hatte aber Heinrich II., denn Rudolf war sein Onkel mütterlicherseits. Einer etwas zweifelhaften Quelle zufolge sollen sich die beiden Herrscher schon 1006 über die Nachfolge geeinigt haben. Damals bereits habe Rudolf dem deutschen Kaiser Basel überlassen (allerdings besagt eine spätere Quelle, die Stadt gehöre zu Burgund).

Für Heinrich war Basel deshalb wichtig, weil die Stadt genau zwischen seinem Reich und dem Königreich Hochburgund lag. Seine Schenkungen an den Basler Bischof verfolgten einen doppelten Zweck: Einerseits garantierten sie (besonders die Jagdrechte) dem kaiserlichen Hof eine angemessene Unterkunft und Verpflegung bei einer allfälligen Reise in den Süden; andrerseits machten sie den Bischof von Basel zu einem treuen Gefolgsmann. Zeit seiner Regierung stützte sich Heinrich stark auf die Kirche, die in seiner Politik eine Schlüsselrolle spielte. Seine Unterstützung von Bischöfen, seine Klostergründungen und Kirchenbauten haben denn auch zu seiner Heiligsprechung beigetragen. Die Krone des Königreichs Burgund erlangte er jedoch nicht, da er acht Jahre vor seinem Onkel starb. Erst 1032, nach dem Tode Rudolfs III., konnte Heinrichs Nachfolger Konrad II. das Burgund in sein Reich eingliedern. Konrad und sein Nachfolger Heinrich III. waren es auch, die mit ihren umfangreichen Schenkungen die Grundlage zum späteren Fürstbistum Basel legten.

DER GANG NACH CANOSSA

Nicht immer war die enge Verbindung mit gekrönten Häuptern so segensreich. Diese schmerzliche Erfahrung machte ein halbes Jahrhundert später Bischof Burkhard von Fenis mit dem jungen und streitbaren deutschen König Heinrich IV.

Vielleicht sollte ich hier kurz erklären, weshalb einmal vom deutschen Kaiser, ein andermal vom deutschen König die Rede ist. Der deutsche König wurde dann zum Kaiser, wenn er nach Rom reiste und dort vom Papst gekrönt wurde. Das kam für Heinrich IV. nicht in Frage, zumindest nicht, solange Gregor VII. Papst war. Die beiden zankten sich jahrelang darüber, wer das Recht habe, Geistliche zu investieren, das heisst, in ihr Amt einzusetzen. Der Investiturstreit gipfelte darin, dass der Papst den deutschen König exkommunizierte. Heinrich musste klein beigeben. Im Januar 1077 wanderte er (barfuss, wie die Legende berichtet) nach Canossa, um den Papst auf Knien um Vergebung zu bitten. Begleitet wurde er auf diesem schmachvollen Gang unter anderm von seinem treuen Vasallen Burkhard, seines Zeichens Fürstbischof von Basel.

Auch zu Hause hatte der Bischof Sorgen. Als Heinrich exkommuniziert wurde, wähl-

Der Kreuzgang des St. Alban-Klosters (11. Jahrhundert)

Der St. Albanteich

ten einige deutsche Fürsten sogleich einen Gegenkönig, Rudolf von Rheinfelden. Der hässliche Kleinkrieg, der entbrannte, konnte schon mal dazu führen, dass einer der Kontrahenten ein gegnerisches Dorf oder eine Stadt niederbrannte. Bischof Burkhard sah sich gezwungen, Basel zu befestigen. Die um 1080 errichtete Burkhardsche Mauer konnte von den Archäologen erst in den letzten dreissig Jahren ergraben werden (siehe S. 58). Zum Glück war sie nie auf die Probe gestellt worden, da Rudolf von Rheinfelden 1080 im fernen Sachsen tödlich verwundet wurde. Fünf Jahre später wurde Papst Gregor zur Abdankung gezwungen und Heinrich liess sich von Papst Clemens III., dessen Wahl er selbst durchgesetzt hatte, zum Kaiser krönen. Der Investiturstreit wurde allerdings erst 1122 beigelegt.

Die lange Regierungszeit Burkhards (1072–1107) war jedoch nicht nur von Kummer und Sorgen geprägt. Die Mauer allein ist schon ein Zeichen für Wohlstand. Die Bevölkerung wuchs bis 1100 auf geschätzte 2000 Einwohner an. Ausserhalb der Mauern, im St. Albantal, gründete der Bischof 1083 das erste Kloster Basels. Er berief Benediktinermönche aus Cluny und übergab ihnen die alte St. Albankirche (Archäologen konnten eine Apsis aus dem 8. oder frühen 9. Jahrhundert nachweisen) und ein Stück Land, das bis zur Birs reichte. Die Mönche bauten ihr Kloster, von dem noch ein Flügel des Kreuzgangs erhalten ist, und rodeten und bestellten das Land. Sie legten auch Kanäle an (im lokalen Dialekt werden sie seltsamerweise ‹Dych› = Teich genannt), auf denen das städtische Bauholz aus dem Jura geflösst wurde. Daneben nutzte man sie, um Mühlräder anzutreiben, und so entwickelte sich im Umfeld des Klosters eine mittelalterliche Gewerbesiedlung.

Die Loyalität der Basler Bischöfe zu König oder Kaiser hielt an. Bischof Ortlieb (reg. 1137–1164) diente König Konrad von Staufen als Diplomat und folgte ihm gar ins Heilige Land, nachdem Bernard de Clairvaux 1146 im Münster zum Kreuzzug aufgerufen hatte. Er kehrte erst sieben Jahre später zurück. Ortlieb ist nur ein Beispiel: Der Fürstbischof von Basel war Ritter und Priester, Krieger und Hirte zugleich. Und nicht selten war er, wie Heinrich von Thun, ein kluger und weitsichtiger Politiker.

Bischof Heinrich von Thun. Detail des im 19. Jahrhundert geschaffenen Reliefs am ‹Käppelijoch›

EINE BRÜCKE ÜBER DEN RHEIN

Zweihundert Jahre lang war die Stadt langsam aber stetig gewachsen. Als Heinrich von Thun 1215 zum Bischof gewählt wurde, zählte Basel etwa 4500 Einwohner. Auf dem Münsterhügel war ein höfisches Zentrum entstanden. Die Siedlung in der Talstadt hatte sich zu einem geschäftigen Marktzentrum entwickelt. Das sumpfige Mündungsgebiet des Birsig war im Verlauf des 12. Jahrhunderts trockengelegt worden und die Stadt war bis zum Rande des Westplateaus emporgewachsen. Nach 1200 ersetzte eine neue Mauer diejenige Bischof Burkhards aus dem 11. Jahrhundert. Doch nicht nur die Stadt wuchs. Heinrichs Vorgänger hatten ihren weltlichen Besitz, das Fürstbistum, im Süden bis in den Jura erweitert. Nun machte sich Heinrich daran, seine Hand nach Norden auszustrecken. Er liess eine Brücke über den Rhein bauen.

Heinrich von Thun gilt als der grosse Visionär unter den Basler Bischöfen. Seine Brücke, hört man häufig, stehe in engem Zusammenhang mit dem Bau der Gotthardstrasse. Das ist Unsinn. Der Gotthardpass wurde vermutlich erst nach dem Brückenbau eröffnet; zudem wird seine Bedeutung für den mittelalterlichen Transitverkehr überschätzt. Der Bau einer Rheinbrücke hatte nichts mit internationalem Handel zu tun, sondern ausschliesslich mit regionaler Politik. 1218 war in Freiburg i. Br. der letzte Vertreter des mächtigen Zähringergeschlechts gestorben. Welch günstige Gelegenheit, die Kontrolle über den Schwarzwald zu erlangen! Der Weg dorthin führte allerdings über den Rhein, weshalb der Basler Bischof zuerst einmal eine Brücke brauchte.

Dass diese Brücke 1225 gebaut worden sei, ist einer der zähesten Mythen der Lokalgeschichte. Das Datum entstammt einer Urkunde, die besagt, dass die Klöster von St. Blasien und Bürgeln vom Brückenzoll befreit seien, da sie das Bauholz geliefert hätten. Doch sagt uns das Dokument nicht, ob die Brücke erst geplant, noch im Bau oder schon fertiggestellt war. Sicher ist jedoch, dass Heinrich nach ihrer Vollendung auf der anderen Rheinseite die Stadt Kleinbasel gründete.

Kleinbasel wurde innerhalb von etwa dreissig Jahren errichtet und mit einer eigenen Mauer umgeben. Es erstreckte sich von der heutigen Kasernenstrasse bis zum Theodorsgraben und umfasste auch den alten Weiler Niederbasel bei der Theodorskirche. Das regelmässige Strassenraster verrät eine systematische, planmässige Anlage. Hauptzweck der Gründung war die Sicherung des Brückenkopfes; doch war das ‹mindere Basel› nicht einfach eine Erweiterung der Stadt. Es verfügte über ein gewisses Mass an Autonomie, hatte eigene Korporationen (die noch heute bestehenden sogenannten Ehrengesellschaften) und einen eigenen Schultheissen. Weltlicher Oberherr war zwar der Bischof von Basel, kirchenrechtlich aber gehörte es, wie schon erwähnt, zur Diözese Konstanz. Auch als Gewerbesiedlung spielte Kleinbasel mit seinem Mühlenviertel am Riehenteich von Beginn an eine wichtige Rolle.

DAS RAD DER FORTUNA

Kommen wir nun zu der eingangs dieses Kapitels abgebildeten Stadtansicht. Der kolorierte Holzschnitt geht auf eine verschollene Darstellung aus dem 15. Jahrhundert zurück, welche die Inschrift trug: «Contrafactur Basel der statt / wie sie vor Zyten gsehen hatt / vor alten Zyten und vil jaren Eeh darinn klöster und stifft warenn.» In Basler Geschichtsbüchern wird das ‹älteste Stadtbild› zwar regelmässig abgebildet, aber meist als reines Fantasieprodukt mit vielen Irrtümern abgetan: Als die Brücke gebaut wurde, gab es schon Klöster in der Stadt, ebenso fehlen die Stadtmauern und die Siedlung in der Talstadt, der Verlauf des Rheins ist völlig falsch und so weiter. Dennoch, so die vorherrschende Meinung, soll es die Absicht des Künstlers gewesen sein, das Erscheinungsbild der Stadt in der Mitte des 13. Jahrhunderts zu rekonstruieren.
Ich glaube, dass man mit dem Versuch einer Datierung die eigentliche Pointe übersieht. Es ging dem Künstler nicht um einen imaginären ‹Schnappschuss›, sondern um die Darstellung der geschichtlichen Entwicklung. Wenn wir das Bild genauer betrachten, stellen wir fest, dass alle wichtigen Bauten auf konzentrischen Kreisen angeordnet sind. Deshalb wird auch auf die ‹richtige› Wiedergabe des Rheinknies verzichtet, da dies die Komposition stören würde. Auf einem äusseren Kreis liegen Kleinbasel, die Chrischonakirche und das mythische Schloss Tanneck (das nach heutigen Erkenntnissen nie existierte). Auf dem nächsten Kreis befinden sich die Brückenkapelle (das sogenannte ‹Käppelijoch›) sowie die Adelspaläste auf dem Münsterhügel. Sie wiederum

Das Glücksrad an der nördlichen Querhausfassade des Münsters

umgeben das Münster, den grössten und wichtigsten Bau der städtischen Gemeinschaft. In der Mitte all dieser Kreise befindet sich die grosse Fensterrose des nördlichen Querhauses. Der Augenschein vor Ort zeigt, dass sie wie ein Rad gestaltet ist. Es handelt sich um das Rad der Fortuna (Glücksrad). Von der Mitte ausgehend, lässt sich – wie ich meine – die Aussage des Bildes wie folgt lesen: Das glückliche Schicksal hat der Stadt einen Bischof und damit eine Kathedrale gegeben. Um sie konnte sich ein höfisches Zentrum entwickeln. Vom Glück begünstigt, gedieh die Stadt und wuchs über den Fluss hinaus. Dies ist keine detaillierte, aber doch eine ziemlich präzise Zusammenfassung der mittelalterlichen Entwicklung Basels.

DIE EMANZIPATION DER BÜRGERSCHAFT
1250–1500

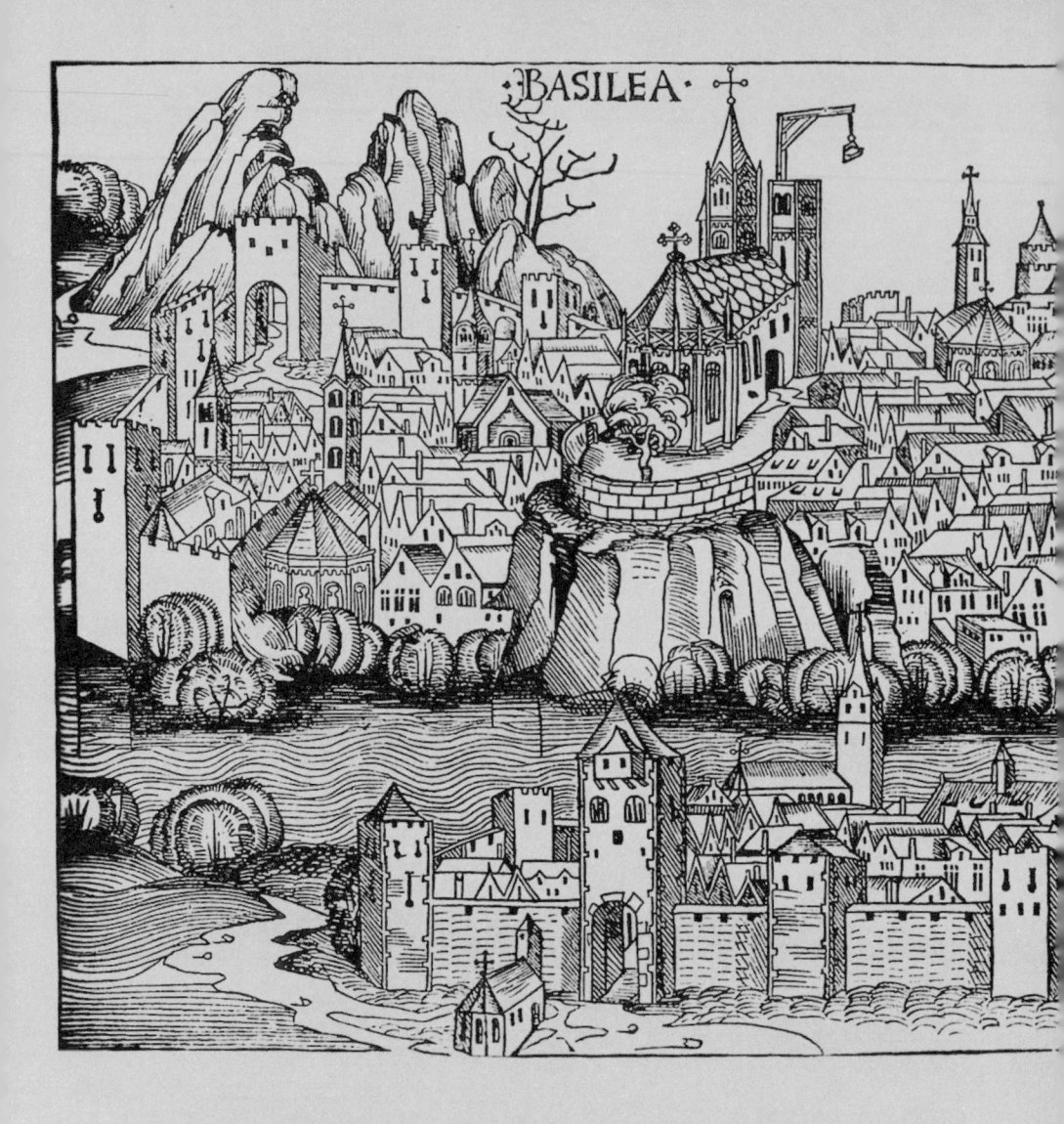

DIE EMANZIPATION DER BÜRGERSCHAFT
1250–1500

Der Holzschnitt, der 1493 in Hartmut Schedels ‹Weltchronik› erschien, ist eine Mischung aus präziser Information und schematisierter Stadtdarstellung. Kaum eines der Bauwerke hat so ausgesehen, wie es der Künstler dargestellt hat. Und doch lässt sich jede einzelne Kirche benennen. Für die Zeitgenossen waren Kirchen wie auch die Stadtmauern Symbole des Reichtums. Den Wohlstand verdankte die Handelsstadt Basel ihrer geografischen Lage, die der Künstler ebenfalls andeutet: Im Vordergrund der Rhein, links im Hinter-

Wilhelm Pleydenwurff, Ansicht der Stadt Basel von Nordosten. Holzschnitt aus Hartmann Schedels ‹Weltchronik›, 1493

grund die schroffen Berge, zu denen eine gewundene Strasse führt. Dadurch wird hervorgehoben, dass Basel an einer Schnittstelle im internationalen Handelsverkehr lag: nach Norden die vergleichsweise komfortable Schifffahrt, nach Süden der beschwerliche Weg über die Berge. Sehr detailliert ist das Münster wiedergegeben, ausser dass sich nicht der Georgs-, sondern der Martinsturm in Bau befand. Es war nach wie vor das wichtigste Bauwerk der Stadt. Der Münsterhügel jedoch ist auf zwei schroffe Felsbrocken reduziert. Damit wird der Blick auf die dicht bebaute Talstadt frei. Der Akzent hat sich also verschoben: Neben das höfische Zentrum des Fürstbischofs trat im Verlauf des Hoch- und Spätmittelalters die selbstbewusste und selbstverwaltete Kommune.

Das ‹Schöne Haus›, ein Adelspalast aus dem 13. Jahrhundert

RITTER, MÖNCHE, HANDWERKER

Trotz grösserer und kleinerer Konflikte war das 13. Jahrhundert für ganz Europa eine gute Zeit. Dank zahlreichen Verbesserungen in der Landwirtschaft gab es genug zu essen, was zu einem rapiden Anstieg der Bevölkerung führte. Immer mehr Menschen zogen vom Land in die expandierenden Städte, wo der internationale Handel florierte. Überall lassen sich erste Anzeichen kommunaler Selbstverwaltung feststellen: Räte bildeten sich, Kaufleute und Handwerker organisierten sich in Gilden und Zünften, Verfassungen wurden aufgesetzt. Doch blieb auch in den Städten der Adel tonangebend, ja mehr noch: Er erlebte in diesem Jahrhundert seine eigentliche Blütezeit.

Auch in Basel verdoppelte sich die Bevölkerungszahl innerhalb des Jahrhunderts auf beinahe 10 000. Besonders in der Talstadt rückten die Menschen enger zusammen. Wo zuvor frei stehende Holz- und Fachwerkhäuser sowie vereinzelte Geschlechtertürme das Stadtbild beherrschten, entstanden nun völlig überbaute Strassenzüge. Die Gassen wurden enger, da die Baulinie immer weiter in die Strasse vorgeschoben wurde. Neben privaten Wohnhäusern wurden Kirchen und Klöster sowie öffentliche Bauten in grosser Zahl errichtet. Das Platzangebot wurde immer spärlicher: Als die Dominikaner ihr Kloster bauen wollten, mussten sie mit einem Gelände ausserhalb der Mauern vorlieb nehmen.

Sie waren nicht alleine. An den Ausfallstrassen entstanden Vorstädte, von denen einzelne, wie die St. Albanvorstadt, gar mit einer eigenen Befestigung umgeben wurden.

Dem Adel wurde es in der Talstadt zu eng. Die Herren Ritter errichteten ihre Stadtresidenzen nun ausschliesslich auf dem Münsterhügel oder am Rande des Westplateaus. Ein Palast wie das ‹Schöne Haus› (Nadelberg 6) zeugt von vergangener Pracht. Daneben verfügten die Adelsfamilien natürlich auch über Burgen und Landsitze in der ganzen Region.

Den Angehörigen niedrigerer Gesellschaftsschichten verblieb die Talstadt. Doch gab es auch hier mehr oder weniger vornehme Wohngegenden. Die reichen Kaufleute lebten bevorzugt um den Kornmarkt oder im unteren Teil der Freien Strasse, die Krämer in der Nähe der Andreaskirche. Einzelne Berufsgruppen konzentrierten sich auf bestimmte Strassenzüge. Die Gerber beispielsweise waren auf fliessendes Wasser angewiesen und lebten vornehmlich entlang des Birsig und an einem davon abgeleiteten Kanal, dem Rümelinbach.

Die Bevölkerung der Vorstädte war durchmischt. In der St. Albanvorstadt lebten zum Beispiel viele Rebleute. Andere Handwerker mussten ihre Werkstatt vor der Stadt betreiben, weil ihr Gewerbe feuergefährlich war. Vor allem aber fand man in den Vorstädten die Vertreter jener Berufe, auf die Reisende angewiesen waren, wie etwa Hufschmiede, Karrer und Wirte. Auch wenn die Bewohner der Vorstädte weniger Prestige genossen als andere, waren sie keineswegs Aussenseiter.

Die sogenannt ‹unehrlichen Leute› lebten auf dem Kohlenberg: der Scharfrichter, die ‹Freyheiten› (Tagelöhner, welche die Schmutzarbeiten, etwa das Reinigen der Kloaken, besorgten), Spielleute, Prostituierte und Bettler. Es gab dort noch bis in die frühe Neuzeit ein Bettlergericht, dessen archaische Rituale die Humanisten faszinierten: Die ‹Freyheiten› amtierten als Schöffen, der Richter hatte während der Verhandlung einen Fuss in einem Wasserbecken, das er umstiess, nachdem er das Urteil verkündet hatte.

ANFÄNGE DER SELBSTVERWALTUNG

Im Sommer 1247 stürmte eine Gruppe aufgebrachter Bürger den bischöflichen Palast und zerstörte ihn. Bischof Lütold weilte glücklicherweise nicht in Basel, aber die hohen Herren des Domkapitels fürchteten sicherlich um ihr Leben. Es war der lokale Höhepunkt eines Konflikts, der das gesamte Reich erschütterte: der Kampf zwischen Kaiser und Papst, zwischen ‹Ghibellinen› und ‹Guelfen›. Während der Basler Bischof zum Papst hielt, hatte sich ein Teil des städtischen Adels für Kaiser Friedrich II. ausgesprochen. Die Strafe für den Gewaltausbruch folgte auf dem Fuss: Der Papst belegte Basel mit dem Interdikt. Mehrere Monate gab es keine Messen, keine Taufen, keine Trauungen … Erst als im Frühling 1248 innerhalb des Rates die päpstliche Partei die Oberhand gewann, kam es zur Aussöhnung zwischen der Stadt und ihrem Oberhaupt. Die Chroniken verraten uns wenig über diesen bemerkenswerten Zwischenfall. Er zeigt jedoch, dass die Bürger – oder besser: die Adligen, welche die öffentliche Meinung bestimmten – sich stark genug fühlten, sich gegen den Stadtherrn aufzulehnen und gar einem Interdikt zu trotzen. In der Mitte des 13. Jahrhunderts war der Emanzipationsprozess schon weit fortgeschritten.

Begonnen hatte er natürlich früher. Schon im 12. Jahrhundert dürfte Basel einen Rat gehabt haben. Schon damals war die Stadt ein regionales Marktzentrum, und wo gehandelt wird, gibt es Streit. Wie in vielen europäischen Städten dürfte sich der Rat aus einem Beisitzergremium des Gerichts entwickelt haben. Aktenkundig wird er allerdings erst 1212. Damals hielt der junge Kaiser Friedrich II. seinen ersten Reichstag in Basel ab. Dabei gewährte er der Stadt das Recht auf einen unabhängigen Rat. Dies währte jedoch nicht lange. Eine der ersten Handlungen des neu gewählten Bischofs Heinrich von Thun (den wir bereits kennengelernt haben) war es, persönlich an den kaiserlichen Hof zu reisen, um dieses Privileg widerrufen zu lassen. Nicht, dass er ohne Rat auskommen konnte, aber unabhängig sollte dieses Gremium keinesfalls sein. Doch langfristig liess sich die kommunale Emanzipation nicht bremsen. 1252 wird erstmals ein Bürgermeister von Basel erwähnt. In derselben Zeit hören wir von einem ersten Rathaus. 1263 unterzeichnete ein weiterer Bischof Heinrich, Heinrich von Neuenburg, die erste Handfeste (Verfassung). In ihr wird der Stadt das Recht auf einen unabhängigen Rat gewährleistet, der wiederum dem Bischof den Gehorsamseid schwören muss.
Der Rat bestand ausschliesslich aus Rittern und ‹Burgern›. Letztere waren nicht adlig. Sie gehörten einer reichen Oberschicht an, die sich mit dem Patriziat in anderen Städten vergleichen lässt. Da sie im Rat acht Sitze innehatten, wurden diese ratsfähigen Familien ‹Achtburger› genannt. Dominiert wurde der Rat aber vom Adel, auch wenn dieser nur vier Sitze hatte. Bis 1515 musste der Bürgermeister von Basel gemäss der Verfassung immer ein Adliger sein.

DER ADEL

Das 13. Jahrhundert war die Blütezeit des feudalen Lebens mit allem, was dazu gehört, also Rittern, Burgen, Turnieren … Dem Basler Adel konnte man, wie es scheint, in Sachen Lebenslust wenig vormachen. Ein mittelalterlicher Merkspruch besagt, dass von den rheinischen Bistümern Konstanz das grösste, Köln das heiligste, Strassburg das edelste, Basel aber das lustigste sei. Einer anderen Redensart zufolge sollen Jungfrauen hier nur in der Wiege zu finden gewesen sein. Das Zentrum sozialen Lebens war der Münsterplatz, wo alle wichtigen öffentlichen Ereignisse stattfanden. Hier befand sich der fürstbischöfliche Hof, der nicht nur Unterhaltung bot, sondern auch Aufstiegschancen im Dienste des Bischofs. Hier waren die Paläste der Domherren und eine ‹Hohe Stube›, eine Trinkstube des Adels im Haus ‹zur Mücke›. Um in den Rat gewählt werden zu können, musste man Mitglied einer Hohen Stube sein. Es gab drei von ihnen; vielleicht deshalb, weil der Basler Adel nicht unbedingt in Minne zusammenlebte.

Im Gegenteil! Über zweihundert Jahre lang währte die Fehde, die sich die beiden Basler Adelsparteien lieferten und die jeweils nur für kurze Zeitspannen unterbrochen wurde. Auf der einen Seite stand der alte Hoch- und Landadel, der, wie etwa die Herren von Eptingen, nur dem König oder Kaiser zur Gefolgschaft verpflichtet war. Aufgrund des Sterns in ihrem Banner nannten sie sich ‹Sterner›. Auf der andern Seite stand der Ministerialadel, der sich, wie etwa die Schaler oder die Münch, als *ministeriales* im Dienst des Bischofs emporgedient hatten. Ihre Fahne zierte ein Papagei, weshalb sie ‹Psittischer› genannt wurden. Die Auseinandersetzungen, die Ränkespiele und Seitenwechsel (besonders, als die Habsburger ein immer wichtigerer Faktor in der Basler Politik wurden) können hier nicht geschildert werden. Der ewige Streit trug aber gegen Ende des Mittelalters sicher auch zum Zerfall der feudalen Herrlichkeit bei.

DIE ZÜNFTE

Im Basler Staatsarchiv liegt eine eher unscheinbare Urkunde aus dem Jahre 1226. In ihr erlaubt Bischof Heinrich von Thun (wieder er!) den Kürschnern, eine Zunft zu bilden und deren Meister zu wählen. Das Besondere an diesem Dokument liegt darin, dass es sich um eines der ältesten dieser Art in Europa handelt. Das heisst aber nicht, dass die Kürschnerzunft die älteste Korporation ist, nicht einmal in Basel. Die Safran- oder die Schlüsselzunft sind vermutlich älter, nur haben sich ihre Zunftbriefe nicht erhalten. Die insgesamt 15 Zünfte sollten nicht nur im wirtschaftlichen und sozialen, sondern auch im politischen Leben der Stadt bis ins 19. Jahrhundert eine zentrale Rolle spielen.

Liest man den Brief der Kürschnerzunft genauer, stellt man fest, dass es sich eigentlich nicht um eine Gründung handelt, sondern um eine formelle Bestätigung. Das bedeutet, dass sich die Zunft schon zuvor, möglicherweise über einen längeren Zeitraum, herausgebildet hatte. Ähnlich verhielt es sich auch bei den übrigen Zünften, die alle im Verlauf des 13. Jahrhunderts vom Bischof anerkannt wurden (einzig die Zunft zu Fischern und Schiffleuten erhielt ihren

Der Zunftbrief der Kürschner von 1226

Das um 1480 erbaute Zunfthaus ‹zum Schlüssel› an der Freien Strasse

Zunftbrief erst 1354). Die Bildung von Korporationen lag durchaus im Interesse des Stadtherrn: Die Zünfte bürgten für die Qualität der Produkte, die auf dem Markt angeboten wurden. Dieser erhielt dadurch einen guten Ruf und wuchs, was wiederum (in Form von Steuern und Zöllen) dem bischöflichen Geldbeutel zugute kam.

Das Interesse von Handelsleuten und Handwerkern, sich zu organisieren, war vor allem wirtschaftlicher Natur. Die Zunft regulierte sämtliche Belange eines Gewerbes. Sie setzte einen Qualitätsstandard, kontrollierte die hergestellten Waren und konnte ihren Mitgliedern bei Verstössen ‹das Handwerk legen›, also ein Berufsverbot aussprechen. Zudem bestimmte sie, wie viele Meister eines bestimmten Gewerbes in der Stadt zugelassen wurden und wie viele Gesellen der einzelne Meister beschäftigen durfte. Das schloss unliebsame Konkurrenz aus und garantierte jedem Zunftbruder ein Auskommen.

Dennoch gab es grosse soziale Unterschiede, sowohl unter den 15 Zünften als auch innerhalb einer Zunft. Die reichen Handelsleute etwa bildeten eigene Korporationen, die vier sogenannten Herrenzünfte. Sie hatten auch in der Politik einen wesentlich grösseren Einfluss als die elf Handwerkszünfte. Natürlich gab es mehr als elf Handwerke in Basel: Einzelne Zünfte waren Massenorganisationen wie etwa die Safranzunft, in der nicht weniger als 42 Gewerbe organisiert waren. Diese bildeten innerhalb der Zunft Berufsverbände mit eigenen Satzungen.

Die Geltenzunft, das 1578 von Daniel Heintz vollendete Zunfthaus der Weinhändler am Marktplatz

Die Zünfte waren aber viel mehr als bloss wirtschaftliche Interessenverbände. Mit der Zunftstube als Treffpunkt spielten sie auch im sozialen Leben ihrer Mitglieder eine zentrale Rolle. Zudem nahmen sie von Beginn an auch öffentliche Aufgaben wie Fürsorge und Vormundschaftswesen oder die Organisation der Wach-, der Lösch- und der Reisepflicht wahr (Letzteres tönt angenehmer, als es war: ‹Reisen› ist das alte Wort für ‹in den Krieg ziehen›. Es ging also um die Wehrpflicht).

Ursprünglich hatten die Zünfte weder politische Macht noch Ambitionen. Das änderte sich im Verlauf des 14. Jahrhunderts. Auch hierin wurden sie vom Bischof gefördert. Dieser geriet unter zunehmenden Druck vonseiten des Adels. Um ein Gegengewicht zu schaffen, stärkte er den politischen Einfluss der Zünfte. 1337 nahmen deren Vertreter erstmals Einsitz im städtischen Rat. Zu den 15 Ratsherren gesellten sich 1382 auch die Zunftmeister. Damit hatten die Zünfte innerhalb des Rates ein Übergewicht, obschon die wichtigen Ämter nach wie vor von Adligen und Achtburgern besetzt waren. Erst im frühen 16. Jahrhundert übernahmen die Zünfte endgültig die Macht.

Zur Bildung von Zünften trug noch ein weiteres Motiv bei, das keinesfalls zu unterschätzen ist: das religiöse Interesse. Jedes Handwerk hatte einen eigenen Schutzpatron und es war das tiefe Bedürfnis aller, diesen Patron auch angemessen zu verehren. So schlossen sich Handwerker schon früh zu Bruderschaften zusammen, da ein einzelner kaum den Unterhalt eines Altars finanzieren konnte. Tatsächlich ist das religiöse Bedürfnis älter als das wirtschaftliche Interesse: Man nimmt an, dass die meisten Zünfte aus Bruderschaften hervorgingen. Dies lässt erahnen, welch dominierende Rolle die Religion im mittelalterlichen Alltag spielte.

RELIGION

Der eingangs dieses Kapitels besprochene Holzschnitt zeigt, wie sehr das Basler Stadtbild von Kirchen und ihren Türmen geprägt wurde. Der Künstler gab sich sichtlich Mühe, jede einzelne von ihnen wiederzugeben. Nicht anhand ihres Aussehens, sondern anhand ihrer Lage erkennt man zum Beispiel die Peters-, die Leonhards- und die Martinskirche: Die drei ältesten Pfarrkirchen wurden an markanten Punkten errichtet, nämlich am Rande des Westplateaus sowie an der äussersten Spitze des Hügelspornes über dem Rhein. So konnte man sie nicht nur von überall sehen, sondern auch hören. Kirchenglocken waren ein wichtiges Medium, um Nachrichten zu verbreiten. Sie riefen zur Messe, schlugen Feuer- oder Feindalarm und gaben das Signal zum Niederlegen der Arbeit und zum Schliessen der Stadttore.

Glaube und religiöse Rituale prägen nicht nur den Alltag, sie strukturierten den ganzen Jahresablauf. Ferien kannten die Menschen nicht; dafür gab es unzählige kirchliche Feiertage. Im Bistum Basel waren es insgesamt neunzig! Bei hohen Kirchenfesten wie Weihnachten oder Ostern musste ebenso wie an den Feiertagen der zahlreichen Diözesanheiligen die Arbeit niedergelegt werden und die Menschen waren gehalten, an Messen und Prozessionen teilzunehmen. Auch an den übrigen Tagen wimmelte es in der Stadt von Klerikern aller Art. Da waren die hohen Herren des Domkapitels, da waren all die Priester und Kapläne, da waren vor allem auch die unzähligen Mönche und Nonnen und, nicht zu vergessen, die Beginen und

Die Türme der Leonhards-, der Peters- und der Martinskirche

Die Barfüsserkirche, 14. Jahrhundert

Begarden. Bei Letzteren handelte es sich um Frauen respektive Männer, die in ordensähnlichen Gemeinschaften lebten, ohne ein Gelübde abzulegen. Zusammen machten die Geistlichen beinahe zehn Prozent der Gesamtbevölkerung aus. Sie erfüllten in einer sich als Kollektiv verstehenden Gesellschaft eine wichtige Aufgabe: Sie waren für das Seelenheil aller zuständig. Man war der Überzeugung, dass das Gebet eines Priesters oder eines Mönches zehnmal mehr Gewicht habe als dasjenige eines ‹Normalsterblichen›.

Klösterliches Leben erfuhr im 13. Jahrhundert nicht nur in Basel einen Aufschwung. Als infolge des internationalen Handels die europäischen Städte wuchsen, erschienen neue Orden auf der Bildfläche: die Mendikanten oder Bettelorden. Im Unterschied zu anderen suchten sie nicht die Abgeschiedenheit, sondern liessen sich bewusst in den Zentren nieder, um der Gemeinschaft als Priester, Lehrer oder Pfleger zu dienen. Das Gesundheitswesen war keine staatliche Aufgabe. Das Basler Spital beispielsweise stand in der Freien Strasse und wurde von den Barfüssermönchen betrieben, während die Aussätzigen von den Benediktinern des St. Albanklosters betreut wurden; zuerst in der Malzgasse (von Malenz = Aussatz), später weit vor der Stadt im ‹Siechenhaus› bei St. Jakob.

Von den vier grossen Bettelorden liessen sich drei im Verlauf des 13. Jahrhunderts in Basel nieder: 1231 die Franziskaner, 1233 die Dominikaner (auch Prediger genannt) und 1276 die Augustiner-Eremiten. Am populärsten waren zweifellos die Franziskaner. Sie

Die 1416 geweihte Kirche des Kartäuserklosters

überliessen ihr erstes Kloster ausserhalb der Mauern schon bald den Klarissinnen, um sich an dem Platz niederzulassen, der noch heute ihren Namen trägt: Barfüsserplatz (Barfüsser deshalb, weil die Franziskaner, um ihre Armut zu demonstrieren, auf teures Schuhwerk verzichteten). Von ihrer Beliebtheit zeugt ihre riesige Kirche, die den an Gottesdiensten teilnehmenden Massen Platz bot. Es ist die grösste Ordenskirche am ganzen Oberrhein; ihre Ausmasse werden einem dann bewusst, wenn man sie etwa mit der Klosterkirche der Kartäuser im Kleinbasel vergleicht. Jene besteht praktisch nur aus dem Mönchschor und verfügte lediglich über ein winziges Langhaus für Laienbrüder. Aber die Kartäuser, die erst spät nach Basel kamen (1401), waren ein völlig anderer Orden. Es waren Gelehrte, die in völliger Isolation lebten. Doch sollte gerade ihr Kloster für die Entwicklung des Basler Buchdrucks eine wichtige Rolle spielen.

Doch nun zu den Damen. Das erste Frauenkloster Basels wurde 1230 gegründet. Es hiess ‹Maria Magdalena in der Steinen› und stand auf dem Areal des heutigen Theaterplatzes. Da es ursprünglich für ‹gefallene Mädchen und reuige Sünderinnen› bestimmt war, waren vermutlich nicht alle Eintritte freiwilliger Natur. 1266 folgten die Klarissinnen. Sie verfügten in Basel gar über zwei Klöster: das Gnadental am Petersgraben (das zuvor den ersten Barfüssern gedient hatte) sowie in Kleinbasel, wo der Name des wichtigsten Platzes, Claraplatz, an das ehemalige Kloster erinnert. Schliesslich

Das Kleine Klingental, der 1274 begonnene Gründungsbau des Klingentalklosters

war da noch das grösste und reichste aller Basler Klöster: dasjenige der Dominikanerinnen (später: Augustinerinnen) im Klingental. 1274 gegründet, war es ausschliesslich adligen Frauen vorbehalten. Es darf nicht vergessen werden, dass der Eintritt in ein Kloster für Frauen häufig die einzige Möglichkeit war, Karriere zu machen. Hier konnten sie Verantwortung übernehmen und in der klösterlichen Hierarchie aufsteigen. Die Äbtissin vom Klingental war eine einflussreiche Persönlichkeit in der Stadt. Die selbstbewussten Frauen waren den Dominikanern, unter deren Observanz sie standen, ein Dorn im Auge. Im späten 15. Jahrhundert versuchten diese immer wieder, die Nonnen aus deren Kloster zu ekeln. So streuten sie Gerüchte, dass sie (also die Frauen) die Klosterzucht nicht hielten, dass sie nackt im Rhein badeten und so weiter. Doch die ‹wilden Frauen› widerstanden allen Attacken; auch als sie 1480 aus ihrem Kloster vertrieben wurden, dauerte es nicht lange, bis sie im Triumph zurückkehren konnten. Mit der Reformation von 1529 war jedoch ihr Schicksal besiegelt, genauso wie dasjenige aller anderen Klöster: Einige wurden geschlossen, anderen wurde es verboten, Novizen oder Novizinnen aufzunehmen. So starben sie allmählich aus. Die Klostergüter wurden nun von einem besonderen Ausschuss des Rates verwaltet (der Vorsitz dieses Ausschusses galt im Ancien Régime als begehrter, weil einträglicher Posten). Heute stehen von den ehemaligen Klöstern meist nur noch die Kirchen, ihre Areale nehmen öffentliche Bauten ein wie etwa das Universitätsspital, die Kaserne oder das Waisenhaus.

DAS MÜNSTER

Im nördlichen Seitenschiff des Münsters hängt das sogenannte ‹Baumeisterrelief› aus dem frühen 13. Jahrhundert. Links der Werkmeister mit der eng anliegenden Steinmetzkappe, rechts der *magister fabricae*, der für die Administration zuständig war. Die lateinische Inschrift lautet übersetzt: «In der himmlischen Halle werden diese beiden lebendige Steine genannt, weil sie durch den Bau dieses Gotteshauses dienten.» Namen sucht man vergebens. Die beiden waren nicht als Individuen wichtig, sondern als Mitglieder der städtischen Gemeinschaft. Dieser errichteten sie das spirituelle Zentrum. Sie dienten aber auch dem Himmel, da jede Kirche im damaligen Verständnis dem oder der Heiligen gehörte, dem oder der sie geweiht war, im Falle des Basler Münsters der Jungfrau Maria. Deshalb wurden auch die hintersten Winkel verziert. Das menschliche Auge konnte das nicht sehen, dafür aber die Hausherrin – und Maria würde ihre schützende Hand über die Stadt halten.

Die Kirche, die unsere ‹lebendigen Steine› bauten, ersetzte das Heinrichsmünster aus dem frühen 11. Jahrhundert. Geweiht wurde sie 1202, die Ausschmückung aber ging weiter. So wurden um 1280 das prachtvolle Westportal und der Skulpturenschmuck an der Fassade hinzugefügt.

Das Erdbeben von 1356 hinterliess schwere Schäden: Die fünf Türme waren eingestürzt, das Dach und die Chorpartie zerstört. Der Wiederaufbau sollte über hundertvierzig Jahre dauern. Zunächst galt es, den Gottesdienst zu gewährleisten, weshalb über den erhaltenen romanischen Mauern ein gotischer Chor, ein neues Dach und ein Gewölbe errichtet wurden. Der Georgsturm wurde erst 1429, der Martinsturm gar erst 1500 vollendet. Der Grund ist einfach: Der Bischof hatte kein Geld.

Nun war das Münster aber nicht nur ‹Stadtkirche›, sondern in erster Linie ein Symbol der bischöflichen Gewalt. Deshalb war die Bürgerschaft auch nicht mehr ganz so willig, zum Bau beizutragen wie noch zweihundert Jahre zuvor. Denn die Macht des Bischofs nahm seit dem 13. Jahrhundert stetig ab. Als der Martinsturm fertig war, näherte sie sich dem Ende.

Rudolf von Habsburg empfängt die deutsche Krone. Aquatinta von Wilhelm Nilson nach einem Gemälde von Georg Hiltensperger (1806–1880)

EIN MÄCHTIGER NACHBAR

Mit dem Tode des Kaisers Friedrich II. begann im Heiligen Römischen Reich das Interregnum oder, wie Schiller es ausdrückte, die «kaiserlose, die schreckliche Zeit». Die Territorialfürsten in Deutschland wurden immer mächtiger. Als sie sich 1273 dazu durchrangen, einen König zu wählen, entschieden sie sich für einen, wie sie glaubten, schwachen Herrscher mit bescheidener Hausmacht. Doch ihre Wahl bedeutete den Anfang vom Aufstieg der mächtigsten Adelsfamilie der europäischen Geschichte: des Hauses Habsburg.

Das Aquatintablatt aus dem 19. Jahrhundert zeigt die Szene, in der dem Grafen Rudolf von Habsburg die Krone überbracht wird. Auf seinen Arm gestützt liegt er in der linken Bildecke – ein Gestus der Bescheidenheit (tatsächlich ist er riesig: Wenn er aufsteht, sprengt er den Bildrahmen). Der bärtige Greis symbolisiert wohl die Klugheit der Wahl. Die Fackeln tragenden Knaben deuten an, dass Rudolf ein Lichtbringer in dunkler Zeit sein werde – eine nachträgliche Glorifizierung. Bischof Heinrich von Neuenburg hätte dies gewiss anders gesehen. Als Rudolf gewählt wurde, führte dieser gerade Krieg. Die Stadt, die er belagerte, war Basel.

Bei diesem Konflikt ging es um die Vorherrschaft am Oberrhein, insbesondere um die Kontrolle über den Schwarzwald. Nach seiner Wahl 1263 versuchte Bischof Heinrich das zu vollenden, was seine Vorgänger mit dem Bau der Brücke und der Gründung Kleinbasels begonnen hatten. Doch stiess er auf den erbitterten Widerstand Rudolfs von Habsburg. Ein Jahrzehnt dauerte der Kleinkrieg, der mit der Wahl Rudolfs zum König beendet wurde. Denn ihrem neuen Oberherrn wollte sich die Basler Bevölkerung nicht widersetzen und öffnete ihm sogleich die Stadttore. Anscheinend soll der Bischof ausgerufen haben: «Herrgott im Himmel, halt dich fest auf deinem Thron, sonst verdrängt dich dieser Graf von Habsburg!»

Die Ambitionen Rudolfs erschöpften sich nicht in der Kontrolle über den Schwarzwald. Was dem Hause Habsburg zu dieser Zeit fehlte, war eine Residenzstadt. Alle Anzeichen sprechen dafür, dass Rudolf und seine Erben mit Basel liebäugelten. Denn die Stadt lag genau in der Mitte zwischen den habsburgischen Stammlanden im Elsass und im Aargau.
Während seiner Regierungszeit besuchte Rudolf Basel nicht weniger als 26 Mal. Nach dem Tode des Bischofs Heinrich von Neuenburg setzte er die Wahl des ihm ergebenen Heinrich von Isny durch. Als Rudolfs erste Frau, Anna von Hohenheim, 1281 starb, wurde sie im Basler Münster bestattet. Angeblich soll dies ihr persönlicher Wunsch gewesen sein, doch wird Rudolf auch hier ein Wörtchen mitgeredet haben.
Doch dann fielen den Habsburgern (im Anschluss an die Schlacht auf dem Marchfeld 1278) riesige Gebiete im Osten in den Schoss. Aus dem bescheidenen Haus Habsburg wurde Habsburg-Österreich mit Wien als Residenzstadt. Dennoch erlahmte das Interesse der Dynastie nicht, Basel ihrem Territorium einzuverleiben. Ältere Historiker waren des Lobes voll über die Basler und ihre Bischöfe, die tapfer einem übermächtigen und gierigen Nachbarn widerstanden hätten. Das hingegen ist eine schweizerische Perspektive: In der Tell-Sage und ähnlichen Mythen sind die Habsburger immer die Bösewichte. Basel war aber nicht eidgenössisch. In Tat und Wahrheit genossen die Habsburger hierzulande grosse Sympathien. Wer sonst konnte der Bürgerschaft Wunderdinge vorführen wie das Stachelschwein, das die Königin Anna mitbrachte? Was liess sich mit der Pracht jener Doppelhochzeit vergleichen, welche die Habsburger 1315 im Basler Münster feierten? Zwar endete dieses Fest in einer Tragödie, als eine Tribüne einstürzte und mehrere Menschen erschlagen wurden. Doch war die Vorstellung, einen fürstlichen Hof zu beherbergen, für viele Basler Adlige keineswegs abschreckend. Die Option bestand über ein Jahrhundert lang, und dass Basel nicht habsburgisch wurde, ist – um den Basler Historiker Werner Meyer zu zitieren – einer der Zufälle der Geschichte.

Der Widerstand der Bischöfe war natürlich entscheidend. Rudolfs Erben gelang es nicht mehr, die Wahl von Gefolgsleuten durchzusetzen. Im 14. Jahrhundert stammten die

Basler Bischöfe fast ausschliesslich aus burgundischen Adelsfamilien (nach wie vor umfasste das Burgund grosse Teile der heutigen Westschweiz). Naturgemäss orientierten sie sich nach Süden und erweiterten das Gebiet des Fürstbistums bis an den Bielersee und in die Ajoie. Doch waren sie auch entschlossen, ihre Stellung in Basel zu behaupten. Da sie sich dabei nicht auf den Adel verlassen konnten, stärkten sie den politischen Einfluss der Zünfte; nicht nur, um den Habsburgern zu widerstehen, sondern auch den Ansprüchen des lokalen Adels. Dies führte besonders in der zweiten Jahrhunderthälfte zu ungeheuren Spannungen in der Stadt. Sie entluden sich 1376 in einem Gewaltausbruch, der als ‹Böse Fasnacht› in die Geschichtsbücher eingegangen ist.

Was genau die sich überstürzenden Ereignisse ausgelöst hat ist unklar. Vielleicht war es schon Provokation genug, dass Herzog Leopold von Österreich auf dem Münsterplatz ein Turnier ausrichten liess. Es war Karneval, die Menschen waren auf den Strassen und kaum nüchtern. Dass, wie berichtet wird, Speere in die Menge geschleudert wurden, scheint eher unwahrscheinlich – es brauchte ohnehin wenig, um einen Tumult auszulösen. Die Bürger griffen zu den Waffen und stürmten den Platz. Mehrere Gefolgsleute der Habsburger wurden niedergemetzelt, Herzog Leopold konnte gerade noch auf einem Kahn nach Kleinbasel fliehen (dieses hatte er ein Jahr zuvor vom Bischof als Pfand für ein Darlehen erhalten). Der Rat liess zwar sofort zwölf Rädelsführer hinrichten, aber das besänftigte Leopold nicht. Er erwirkte, dass der deutsche Kaiser über Basel die Reichsacht aussprach. Von dieser konnte sich der Rat nur durch einen teuren und erniedrigenden Vertrag mit Leopold befreien. Zudem wurde der Herzog vom Kaiser mit der Reichsvogtei (also der hohen Gerichtsbarkeit) in Basel belehnt. Damit hatte er die Stadt fest im Griff. Doch musste er sich nun wieder mit den unbotmässigen Eidgenossen herumplagen, insbesondere mit der (österreichischen) Stadt Luzern, die offen gegen ihn rebellierte. Der Feldzug endete fatal. In der Schlacht von Sempach (1386) wurde der Herzog von Österreich von den Eidgenossen erschlagen. Die Nachricht löste in Basel nur teilweise Erleichterung aus. Vielmehr herrschte Trauer, denn mit Leopold waren viele Basler Ritter und Bürger gefallen.

Wie es scheint, machten sich Leopolds Erben nicht viel aus der Stadt. So konnte der Rat 1392 vom Bischof das zuvor an das Haus Habsburg verpfändete Kleinbasel kaufen. Zudem erwarb er vom Kaiser die Reichsvogtei. Dies ebnete den Weg zur unabhängigen Politik der Stadtgemeinde im 15. Jahrhundert.

KATASTROPHALE ZEITEN

Zwischen Frankreich und England tobte der Hundertjährige Krieg. Herrenlose Söldnerbanden verwüsteten ganze Landstriche. Der Papst sass als eigentliche Geisel des französischen Königs in Avignon. Das grosse abendländische Schisma spaltete die Christenheit. Der Schwarze Tod, die Pest, traumatisierte Europa. Juden wurden in grossem Masse verfolgt und umgebracht. Das 14. Jahrhundert war, um es salopp zu sagen, eines zum Vergessen. Auch für Basel.

DIE ERSTE JÜDISCHE GEMEINDE UND DAS POGROM VON 1348/49

Die erste jüdische Gemeinde Basels entstand vermutlich im späten 12. Jahrhundert. Wie überall waren Juden diskriminiert. Sie durften beispielsweise keiner Zunft beitreten, was ja die Bedingung dafür war, um ein Gewerbe auszuüben. So blieb ihnen meist nur der Geldverleih, was schnell zum Vorurteil führte, alle Juden seien Wucherer. Der Antisemitismus war weit verbreitet. Europäische Herrscher gewährten den jüdischen Gemeinden Schutz, weil sie häufig auf das Geld der Juden angewiesen waren (so wurde auch die Basler Rheinbrücke grösstenteils mit jüdischen Darlehen finanziert). Das Recht dazu verlieh ihnen im Heiligen Römischen Reich das sogenannte Judenregal, ein königliches Privileg. Der Inhaber des Judenregals war ermächtigt, Schutzgelder einzuziehen. Viele Pogrome richteten sich eigentlich gegen den Inhaber dieses Privilegs, um ihm diese Geldquelle zu entziehen. Es ist möglich, dass beim Basler Pogrom von 1348/49 antiösterreichische Motive mit im Spiel waren, da das Judenregal wahrscheinlich (wie in umliegenden Städten) in der Hand Albrechts von Habsburg war.

Dies war aber nicht die einzige Ursache. In Europa war die Pest ausgebrochen und überall verbreitete sich das Gerücht, die Juden hätten die Brunnen vergiftet. Gestützt wurde das Gerücht durch ‹Geständnisse›, die unter Folter erpresst worden waren. In Basel forderte ein erregter Mob die Hinrichtung aller Juden. Der Rat zögerte zunächst. Doch im Januar 1349 wurden sämtliche Juden der Stadt in einer Holzhütte auf einer Sandbank im Rhein eingesperrt und lebendigen Leibes verbrannt. Dies ereignete sich fünf Monate bevor der Schwarze Tod die Stadt erreichte. Deshalb bemerkte schon ein zeitgenössischer Chronist, der Vorwurf der Brunnenvergiftung sei unsinnig, und fügte hinzu, dass die Juden, wenn sie arm gewesen wären, noch am Leben wären. Tatsächlich nimmt man heute an, dass einige hoch verschuldete Mitglieder der Oberschicht die latente Verunsicherung genutzt und die Massen manipuliert hätten.

Nach dem Pogrom verlangten die Zünfte, Juden sollen 200 Jahre aus der Stadt verbannt bleiben, was denn auch im Rat beschlossen wurde. Dennoch gab es schon zehn Jahre später wieder eine kleine jüdische Gemeinde. Der Wiederaufbau nach dem Erdbeben (siehe S. 57) war teuer, und plötzlich waren die Juden (oder besser ihr Geld) willkommen. Doch bestand diese zweite Gemeinde nur kurze Zeit. Es sollte über vierhundert Jahre dauern, bis sich eine neue jüdische Gemeinde etablieren konnte.

Karl Jauslin, Das Erdbeben von Basel. Jauslin schuf das Aquarell 1904, nachdem das Blatt schon 1896 als Fototypie in seiner sehr beliebten Reihe ‹Bilder aus der Schweizergeschichte› erschienen war

DER SCHWARZE TOD

Über Hygiene wussten die Menschen im Mittelalter herzlich wenig und über Bakterien und Viren gar nichts. Als 1347 in Europa eine der grössten Pandemien ausbrach, welche die Geschichte kennt, glaubten sie, der Zorn Gottes sei über sie gekommen. Eine Reaktion war, die ‹Feinde Christi›, also die Juden, umzubringen. Die Angst zeigte auch ein bizarres Phänomen: die Flagellanten. Sie zogen, sich gegenseitig den nackten Rücken peitschend, durch Europas Städte. Auch in Basel schlossen sich ihnen einige Bürger an. Doch masochistische Busse nützte ebenso wenig wie die Gebete zum Pestheiligen Rochus. Als die Pest 1351 nachliess, waren ihr geschätzte zwanzig Millionen Menschen (ein Drittel der europäischen Bevölkerung) zum Opfer gefallen.

Das ‹grosse Sterben› erreichte Basel im Sommer 1349. Wie überall wütete die Pest verheerend, aber nur kurze Zeit, vielleicht ein paar Wochen. Es lässt sich nicht mit

Bestimmtheit sagen, wie viele Menschen umkamen. Ein Chronist vermerkt, dass zwischen Eschemars Tor (oben an der Freien Strasse) und dem Rheintor nur drei Familien intakt geblieben seien. Heute schätzt man die Zahl der Opfer auf etwa 4000–5000. Die Stadt erholte sich aber erstaunlich schnell. Wie überall in Europa nahm die Zahl der Heiraten und Geburten stark zu; zudem half ein Zustrom aus ländlichen Gebieten, den Bevölkerungsverlust zu überwinden. Doch war die Pest nicht völlig verschwunden. Sie suchte Europa bis ins 18. Jahrhundert immer wieder heim und jede Generation hat sie erlebt. Obschon die Sterblichkeitsrate in Basel 1439 oder 1612 gleich hoch oder gar höher war, blieb kein Pestzug stärker in der Erinnerung haften als der erste Ausbruch von 1349.

DAS ERDBEBEN VON 1356

Geologisch gesehen ist der Oberrhein eine seismografisch schwach aktive Zone, in der es immer wieder kleinere Erdbeben gibt. Selten, ganz selten gibt es aber auch ein grösseres.

Gegen Vesper des Lukastages (16. Oktober) 1356 erschütterte ein starker Erdstoss die Stadt. In panischer Angst flohen die Menschen ins Freie. Das war ihr Glück, denn das Hauptbeben folgte erst später in der Nacht, doch gab es nur sehr wenige Opfer. Tatsächlich starben weniger als hundert Menschen, was erstaunlich ist, handelt es sich doch um das grösste überlieferte Erdbeben nördlich der Alpen. Spezialisten schätzen seine Magnitude auf 6,2 bis 6,7 auf der Richterskala. Das Epizentrum lag südlich von Basel in den Jurahöhen, wo viele Burgen zerstört wurden. In der Stadt hingegen blieben die meisten Steinbauten intakt. Allerdings stürzten die exponierten Bauteile ein, so zum Beispiel sämtliche Kirchtürme. Auch die Stadtmauer wurde stark in Mitleidenschaft gezogen. Zudem bestanden, besonders in der Talstadt, die meisten Häuser aus Holz oder Fachwerk. Feuer brach an verschiedenen Orten aus und Basel, so berichtet ein Chronist, brannte eine Woche lang.

Die Art und Weise, wie die städtische Elite unter der Führung von Bürgermeister Konrad von Bärenfels diese Krise meisterte, verdient Anerkennung. In keinem Bericht hört man Klagen, obwohl die Menschen wochenlang im Freien campieren mussten und der Winter vor der Tür stand. Die Leute schienen wohl versorgt zu sein und die Stadt wurde in bemerkenswertem Tempo wieder aufgebaut. Kaum ein Jahr später verbot der Rat den Handel vor den Toren, was bedeutet, dass die Märkte im Innern wieder offen waren. 1362 vermerkt der Rat stolz, dass er sämtliche Schulden, die im Zusammenhang mit dem Erdbeben entstanden waren, beglichen habe. Er konnte sogar daran gehen, ein ehrgeiziges Projekt zu verwirklichen: den Bau einer neuen Stadtmauer.

TORE UND MAUERN

Frühe Berichte über europäische Städte beginnen unweigerlich mit deren Befestigung. Die Mauern mit ihren Türmen und Toren waren das Erste, was jeder Fremde schon von Weitem sehen konnte. Sie boten nicht nur Schutz; sie trennten ‹drinnen› und ‹draussen›, sie waren das Symbol für die Stadt schlechthin und hoben sie vom Land ab.

Die Stadttore waren sozusagen die Visitenkarte einer Stadt, weshalb man häufig viel Geld in ihre Ausschmückung investierte. Natürlich gab es Unterschiede: Das St. Johannstor oder das St. Albantor, zwei der drei noch bestehenden Basler Stadttore, sind nicht halb so aufwendig geschmückt wie das Spalentor. Dieses stand ja auch an der wichtigen Handelsstrasse zur Burgundischen Pforte. Hier betraten die meisten Fremden die Stadt. Das Spalentor sollte sie beeindrucken und den Reichtum der Stadt demonstrieren. Vollendet wurde es 1398 als Teil des neuen, nach dem Erdbeben errichteten Mauerrings. Die Ausschmückung ist jünger: Die Skulpturen und die (teuren) bunten Ziegel stammen aus dem 15. Jahrhundert, ebenso das zinnenbekrönte Vorwerk, das im Vorfeld der Burgunderkriege in den 1470er-Jahren angebaut wurde. Der Name ‹Spalen› jedoch ist älter und in der Deutung umstritten. Sollten damit, wie meist angenommen wird, Pfähle gemeint sein, könnte dies ein Hinweis auf eine sehr frühe Palisade sein, die möglicherweise entlang der Grünpfahlgasse, dem Spalenberg und der Petersgasse (ursprünglich Schwarzpfahlgasse) verlief.

Diese Palisade wäre dann im späten 11. Jahrhundert von der Mauer, die Bischof Burkhard von Fenis errichten liess, abgelöst werden. Der Verlauf der Burkhardschen Mauer konnte erst in den letzten Jahrzehnten rekonstruiert werden. Erstaunlich ist, dass sich die Fundamentreste nur fünf bis zehn Meter innerhalb der Stadtmauer aus dem frühen 13. Jahrhundert fanden. Offenbar war die Stadt nicht gewachsen. Aber das Verteidigungskonzept hatte geändert, weshalb eine neue Mauer mit einem Wehrgang benötigt wurde. Beide Mauern sind längst verschwunden. Ihr Verlauf lässt sich aber heute dank Strassennamen, die auf -graben enden, nachvollziehen: Petersgraben, Leonhardsgraben, St. Albangraben. Teile ihrer Fundamente können im archäologischen Keller im Teufelhof besichtigt werden.

Das Erdbeben von 1356 beschädigte die zweite Mauer stark. Sie wurde jedoch wieder aufgebaut. Weshalb also beschloss der Rat, gleichzeitig eine weitere Mauer zu errichten? Diese bezog die alten Vorstädte mit ein und scheint mit vier Kilometern Länge, fünf Haupttoren und vierzig Wehrtürmen ziemlich überproportioniert: Die Fläche, die sie umschloss, füllte die Stadt bis zum 19. Jahrhundert nicht aus. War es wirklich, wie heute allgemein angenommen wird, ein (übertriebener) Optimismus nach dem Wiederaufbau der zerstörten Stadt? Jüngst hat der Basler Historiker Werner Meyer einen neuen Erklärungsversuch gemacht: Der Bau des äusseren Mauerrings könnte eine Vorsichtsmassnahme gewesen sein. Beim Erdbeben waren die Menschen in die offenen Felder geflüchtet und mussten wochenlang dort verharren. Sollte Ähnliches wieder geschehen, wären sie unter freiem Himmel – aber dennoch im Schutze einer Mauer.

DER STADTBRAND 1417

Am 5. Juli 1417 entliess der Meister einer Badestube in der Streitgasse einen seiner Knechte. Aus Rache zündete der Mann noch in derselben Nacht das Haus an. So begann der grosse Stadtbrand von Basel. Der Westwind trug die Funken von Dach zu Dach, das Feuer frass sich die Freie Strasse hinauf und sprang auf die St. Albanvorstadt über. Am Morgen lagen zweihundertfünfzig Häuser in Schutt und Asche.

Die Zerstörungen waren nicht halb so gross wie sechzig Jahre zuvor. Die Auswirkungen auf das Stadtbild waren jedoch viel nachhaltiger. Während die Stadt nach dem Erdbeben mehr oder weniger so aufgebaut wurde, wie sie zuvor gewesen war, erliess der Rat nun neue Bauvorschriften. Brandmauern wurden vorgeschrieben (was zum Verschwinden von Fachwerk- und Holzhäusern aus dem Zentrum beitrug), die Dächer durften nicht mehr mit Schindeln gedeckt werden und das Auskragen der oberen Stockwerke in die Strasse wurde verboten. Der Brandstifter erlebte diesen Wandel jedoch nicht mehr. Zwei Jahre nach dem Feuer wurde er gefasst und auf dem Scheiterhaufen verbrannt.

Bei all den Katastrophen, von denen das spätmittelalterliche Basel heimgesucht wurde, gibt es eine Parallele: Die Stadt erholte sich immer verblüffend schnell. Die Solidarität der Zeitgenossen war natürlich hilfreich: 1356 sandte zum Beispiel der Herzog von Österreich vierhundert Männer, um in seinem Namen eine Strasse zu räumen (der Schutt wurde, sehr zum Leidwesen heutiger Archäologen, in den Rhein geworfen). Der Bischof von Konstanz erliess einen Ablass für all jene, die zum Wiederaufbau des Basler Münsters beitrugen. 1417 entband der deutsche Kaiser die Basler vom Kriegsdienst, und die Stadt Delémont schenkte dem Rat einen Wald zum Schlagen von Bauholz. Die schnelle Erholung zeugt aber auch vom Willen und der Tatkraft sowohl der Regierung als auch der Bevölkerung. Nicht zuletzt zeugt sie von einer klugen Finanzpolitik des Rates und von den grossen Ressourcen der Handelsstadt.

Dies lässt sich vom Stadtherrn nicht behaupten. Die Finanzpolitik der Basler Bischöfe im Spätmittelalter war desaströs. In notorischer Geldnot begannen sie schon im 14. Jahrhundert, ihre Hoheitsrechte (oder Regalien) zu verpfänden. So konnte der Rat beispielsweise 1373 das Zoll- und Münzrecht erwerben. Nachdem die Regalien weg waren, veräusserten die Bischöfe Land. Der Verkauf von Kleinbasel 1392 war nur der Anfang. Acht Jahre später konnte der Rat die Ämter Liestal, Waldenburg und Homburg erwerben. In diesem Stil ging es weiter. Bis ins 16. Jahrhundert erwarb die Stadt nach und nach ein Untertanengebiet, das mehr oder weniger dem heutigen Kanton Basselland entspricht. Im Unterschied zu andern Städten (wie etwa Bern) erfolgte diese Expansion auf friedlichem Wege. Doch gab es auch bewaffnete Konflikte.

DIE SCHLACHT VON ST. JAKOB

Von einem Unglück blieb Basel verschont. Niemals in ihrer Geschichte wurde die Stadt von Feinden geplündert und zerstört (wenn wir vom Überfall der Magyaren 917 absehen). Als aber im August 1444 die Armagnaken, ein französisches Söldnerheer unter der Führung des Kronprinzen (Dauphin) Ludwig, vor den Toren der Stadt auftauchte, musste man das Schlimmste befürchten. Sofort sandte der Rat Boten zu den verbündeten Städten Bern und Solothurn. Die Eidgenossen waren ebenfalls beunruhigt, da sie befürchteten, die Armagnaken würden sich in einen inneren Konflikt, den ‹Alten Zürichkrieg› (1440–1446) einmischen. So sandten sie Truppen nach Basel. Am 26. August überquerte eine kleine, etwa 1300 Mann starke Vorhut entgegen ausdrücklichen Befehlen die Birs bei St. Jakob und stürzte sich auf den zahlenmässig um ein Mehrfaches überlegenen Gegner. Es war ein fürchterliches Gemetzel, das sich bis zum Abend hinzog. Dann waren, bis auf eine Handvoll, alle Eidgenossen tot.

So sinn- und planlos die Aktion auch war, sie wurde sogleich zum Mythos. Durch ihr nobles Opfer, so wurde behauptet, hätten diese Helden nicht nur Basel, sondern die ganze Eidgenossenschaft gerettet. Im 19. Jahrhundert lebte der Mythos wieder auf, und man gedachte der Schlacht von St. Jakob in patriotischen Feiern. Die heutige Geschichtsschreibung sieht das Ganze etwas anders. Sollte der Dauphin wirklich vorgehabt haben, Basel zu plündern, hätte ihn

Ferdinand Schlöth, St. Jakobs-Denkmal, aufgestellt 1872

ein so klarer Sieg kaum davon abgehalten. Die Frage ist: Was wollte er? Gut, die Österreicher, die im ‹Alten Zürichkrieg› mit Zürich verbündet waren, hatten den französischen König um Hilfe gebeten. Das hatten sie allerdings auch zwei Jahre zuvor getan, ohne dass etwas geschehen wäre. Jetzt sandte Karl VII. statt der erbetenen 5000 Mann ein ganzes Heer. Weshalb? Die Antwort ist vermutlich sehr einfach. 1444 wurde im Hundertjährigen Krieg zwischen Frankreich und England ein Waffenstillstand vereinbart. Nun verfügte Karl über ein Heer, das er weder bezahlen noch auflösen konnte. Deshalb schickte er seine Söldner noch so gerne in ein fremdes Land, wo sie sich selbst ernähren konnten. Tatsächlich blieben die Armagnaken nach der Schlacht von St. Jakob mehrere Monate im (habsburgischen) Elsass. Nachdem sie das Land leer geplündert hatten, verschwanden sie wieder.

Für die habsburgischen Adligen im Elsass ging der Schuss nach hinten los. Sie hatten einen Angriff auf Basel freudig begrüsst, denn sie lagen seit drei Jahren mit der Stadt in Fehde. Es ging dabei um willkürliche und unrechtmässige Wegzölle, die sie zum Ärger der Stadt erhoben hatten. Nachdem die Armagnaken abgezogen waren, eskalierte der Konflikt, der als ‹Grosser Adelskrieg› bekannt ist, weiter. Schliesslich war sogar der Herzog von Österreich involviert. Erst 1449 konnte der ‹Grosse Adelskrieg› beigelegt werden. Es war das letzte Mal, dass sich Basel und das Haus Habsburg in die Quere kamen.

DAS BASLER KONZIL

«Basel ist entweder der Mittelpunkt der Christenheit oder ihm sehr nahe». Als der italienische Humanist Enea Silvio Piccolomini dies schrieb, stand Basel tatsächlich im Zentrum des Interesses. Seit 1431 tagte hier das 17. ökumenische Konzil. Doch Piccolominis schmeichelhafte Worte waren reine Propaganda. Soeben hatte sich, nach einem letzten Streit mit dem Papst, das Konzil gespalten. Die in Basel verbliebenen Prälaten kämpften darum, das Heft in der Hand zu behalten. 1439 erklärten sie Eugen IV. für abgesetzt und wählten an seiner Stelle Herzog Amadeus VII. von Savoyen zum Papst. Dieser nannte sich zwar Felix (= der Glückliche), wurde es aber nicht. 1448 zog das Rumpfkonzil nach Lausanne und wurde im folgenden Jahr aufgelöst. Der längsten Synode der Geschichte war es nicht gelungen, die römische Kirche zu reformieren.

Für Basel waren es goldene Zeiten. Die Stadt erlebte seltene Spektakel wie die Papstkrönung oder kaiserliche Besuche. Die Wirtschaft boomte und das kulturelle Leben blühte auf. Das Konzil hat den Lauf der Kirchengeschichte nicht verändert, aber es hatte eine nachhaltige Wirkung auf die Entwicklung Basels.

UNIVERSITÄT UND MESSE

In einem früheren Brief hatte Piccolomini geschrieben, die Basler ziehe es weder zu den Wissenschaften noch zur antiken Literatur. Das sollte sich ändern. Die Kirchenversammlung zog nicht nur Künstler wie Konrad Witz an, sondern auch Gelehrte. Die Konzilsväter luden Professoren aus Paris und Bologna ein und richteten in Basel provisorisch das Studium generale (die akademischen Grundstudien) ein. Dies musste auf die Basler Bürger einen tiefen Eindruck gemacht haben. Zehn Jahre nachdem das Konzil die Stadt verlassen hatte, sandten sie eine Delegation nach Rom, um bei Papst Pius II. die Erlaubnis zu erwirken, eine Universität zu eröffnen. Bei diesem Papst handelte es sich übrigens um niemand anderen als Enea Silvio Piccolomini, der mittlerweile die Seite gewechselt hatte. Er gewährte die Bitte. Die oft zu lesende Behauptung, er habe die Universität gestiftet, ist missverständlich. Man benötigte zur Eröffnung einer Hochschule die päpstliche Stiftungsurkunde; für die musste man allerdings selber Geld locker machen. Das taten die Basler: Die Universität wurde 1460 feierlich eröffnet. Sie ist die älteste der Schweiz.

Die Eröfnungsfeier der Universität im Basler Münster. Titelminiatur der Basler Rektoratsmatrikel, 1460

Aus Rom brachte die Delegation aber noch etwas anderes mit: ein Empfehlungsschreiben des Papstes an den deutschen Kaiser. Dessen Genehmigung war erforderlich, wenn man eine Messe eröffnen wollte. Leider hielt der Kaiser zehn Jahre lang keinen Reichstag mehr ab. Ob die Basler 1471 noch auf die Empfehlung des längst verstorbenen Papstes zurückgriffen, ist mehr als ungewiss. Dennoch erhielten sie damals das kaiserliche Messeprivileg. Von da an wurden anfangs zwei, doch bald nur noch eine Messe durchgeführt, die ziemlich bescheiden war. Trotz langer Tradition wurde Basel erst im 20. Jahrhundert wirklich zur Messestadt.

PAPIER UND BUCHDRUCK

In einem Punkt unterschied sich das Basler Konzil nicht von heutigen Konferenzen: Es wurde viel geredet, und weil alles aufgeschrieben werden musste, brauchte man Papier. Dies dürfte den Basler Kaufmann Heinrich Halbisen auf die Idee gebracht haben, in der Stadt selbst Papier herzustellen. Er kaufte 1433 vor dem Riehentor in Kleinbasel eine Mühle, die er umbauen liess. Obschon keine offiziellen Akten des Konzils auf seinem Papier geschrieben wurden, war das Unternehmen ein Erfolg. 1450 konnte im St. Albantal eine weitere Papiermühle eröffnet werden (in ihr befindet sich heute das Schweizerische Museum für Papier, Schrift und Druck). Gegen Ende des Jahrhunderts waren insgesamt zwölf solche Mühlen in Betrieb und Basler Papier wurde in ganz Mitteleuropa gehandelt.

All dies machte Basel für Buchdrucker attraktiv: An der Universität liessen sich Lektoren und Korrektoren finden, Papier musste nicht importiert werden und – das Wichtigste – Basel war eine Handelsstadt mitten in Europa mit gut ausgebauten Strassen in alle Richtungen (dies war auch der Hauptgrund gewesen, weshalb Basel Konzilsort wurde). Der erste Buchdrucker, der sich hier niederliess, ein gewisser Bernhard Ruppel, hatte noch als Geselle bei Gutenberg in Mainz gearbeitet. Andere folgten und bis um 1500 kennen wir die Namen von etwa siebzig Druckern, die hier mit mehr oder weniger Erfolg wirkten. 1494 wurde in Basel der spätmittelalterliche Bestseller schlechthin, Sebastian Brants ‹Narrenschiff›, geschrieben und gedruckt. Doch es benötigte mehr, um aus der Stadt einen der bedeutendsten Druckorte im deutschen Sprachraum zu machen, nämlich einen Zufall.
1484 kehrte ein Professor an der Universität in Paris nach Basel zurück: Johannes Heynlin von Stein. Drei Jahre später trat er ins Kartäuserkloster ein. Einer seiner Pariser Studenten folgte ihm, zwar nicht ins Kloster, aber in die Stadt. Johannes Amerbach liess sich in der Nähe seines Lehrers in der Rheingasse nieder und eröffnete im Haus zum Sessel (heute: Pharmazie-Historisches Museum) eine Druckerei. Er war der erste humanistisch gebildete Drucker Basels. Später verkaufte er sein Geschäft einem ehemaligen Mitarbeiter, Johannes Froben. Dessen Bücher waren sorgfältig ediert, schön illustriert und erregten in der europäischen Gelehrtenwelt Aufsehen. Dank Froben kam 1514 einer der berühmtesten Gelehrten seiner Zeit, Erasmus von Rotterdam, nach Basel. Hier blieb er, mit Unterbrüchen, bis zur Reformation 1529. Todkrank kehrte er nochmals zurück und starb, von Frobens Sohn Hieronymus gepflegt, 1536.

SCHLAG AUF SCHLAG
1500 – 1530

SCHLAG AUF SCHLAG
1500–1530

Im Kreuzgang des Münsters befinden sich das Utenheim-Epitaph und die Reformatorentafel in unmittelbarer Nähe zueinander. Beide stammen aus der ersten Hälfte des 16. Jahrhunderts, stehen sich also auch zeitlich nahe. Doch könnten sie unterschiedlicher nicht sein.

Das Utenheimgrab wurde 1501 von Bischof Christoph von Utenheim für seinen Neffen Wolfgang in Auftrag gegeben. Es ist hochgotisch und verfügt über ein skulpiertes Relief. Obwohl es während der Reformation stark beschädigt wurde, erkennt man unschwer eine Kreuzigungsszene und Heiligendarstellungen. Ein paar Meter weiter rechts befindet sich die schlichte Sandsteintafel in klaren Renaissanceformen. Sie erinnert an die ‹Helden› der Reformation: an Simon Grynaeus, Rektor der Universität, an Jakob Meyer zum Hirzen, Bürgermeister, und natürlich an Johannes Oekolampad, den Basler Reformator. Darstellungen von Heiligen oder biblischen Szenen sucht man vergebens,

Das Utenheim-Epitaph und die Reformatorentafel im Münster-Kreuzgang

denn dies lehnten die Reformatoren bekanntlich ab. Stattdessen kündet ein langer Text ihr Lob. Und doch hat es ein Bild: Hoch über dem Epitaph, im Gewölbezwickel, prangt eine Sonne. Die lateinische Inschrift lautet in deutscher Übersetzung: «Siehe das Jahr, in dem die päpstliche Finsternis vertrieben wurde und die Sonne des Lebens dir, oh Basel, erschien.»

Keine vierzig Jahre trennen die beiden Grabmäler. Eine kurze, aber unglaublich dynamische Zeit, geprägt von einem fundamentalen Wandel in der Gesellschaft, der Politik und der Religion. Überspitzt gesagt: 1500 war Basel deutsch, katholisch und vom Bischof regiert. 1530 war die Stadt schweizerisch, protestantisch und von den Zünften regiert. Natürlich war Basel, wie die übrige Eidgenossenschaft, nach wie vor Teil des Reiches, und natürlich hatte der Bischof seine Macht schon vor 1500 eingebüsst. Schauen wir also etwas genauer hin.

DER BEITRITT ZUR EIDGENOSSENSCHAFT

Nehmen wir an, ein Pilger wäre im Spätherbst 1500 ins Heilige Land aufgebrochen und im Sommer 1501 zurückgekehrt. Wie gross muss bei der Rückkehr sein Erstaunen darüber gewesen sein, dass Basel in der Zwischenzeit der Eidgenossenschaft beigetreten war! Darauf hatte bei seiner Abreise nicht das Geringste hingedeutet.

Das Tempo, in dem dieser so wegweisende Schritt vollzogen wurde, ist wirklich verblüffend. Die erste Annäherung der Eidgenossen erfolgte am 28. Januar. Keine fünf Monate später war der Bund perfekt. Es gab natürlich keine langwierigen demokratischen Prozesse zu berücksichtigen. Die Mehrzahl der Bürger, die sich am Heinrichstag (13. Juli) 1501 auf dem Marktplatz versammelten, hatte vermutlich keine Ahnung, was genau in der Urkunde stand, die sie feierlich beschwören sollten, und es ist zweifelhaft, dass sie den Bundesbrief mit seinen komplizierten juristischen Klauseln verstanden, als er ihnen vorgelesen wurde. Doch am Ende des Tages waren alle zufrieden und glücklich, denn der Rat liess bis spät in die Nacht Alkohol in grossen Mengen ausschenken. Der Bund zwischen Basel und den Eidgenossen wurde nicht mit Blut, sondern mit Wein besiegelt.

Auch die Schweizer waren zufrieden. Sie hatten Basel vor allem deshalb umworben, weil ihre Gebiete oft überbevölkert und arm an natürlichen Ressourcen waren. Nun verfügten sie über einen direkten Zugang zum Sundgau mit seinen Kornfeldern. Aber welche Vorteile brachte der Bund für Basel?

Um dies zu beantworten, müssen wir die Aussenpolitik der Stadt genauer ansehen. Im Verlauf des 15. Jahrhunderts hatte sich die Stadt allmählich ein eigenes Untertanengebiet erworben. Nicht durch Eroberungen, sondern auf friedlichem Wege. Basel war nie eine aggressive Militärmacht, auch wenn man immer wieder mal gegen unbotmässige Adlige oder bedrohliche Nachbarn auszog. Doch versuchte man in der Regel, Konflikte auf diplomatischem Wege zu lösen. Dafür war Basel bekannt: Ein bemerkenswerter Paragraf im Bundesbrief von 1501 besagt, dass die Stadt sich neutral verhalten solle, wenn die Eidgenossen (was häufig vorkam) miteinander stritten. Zudem solle die Stadt ihre bekannten diplomatischen Dienste zur Verfügung stellen, um den Streit zu schlichten.

AVF·DEN·BVNDES
BRIEF·WVRDE
DER·EID·GELEIS
TET·VON·DER
GANZEN·GEMEIN
DE·DEN·EIDGE
NOSSEN·VND·SO
DANN·VON·DIE
SEN·DER·STADT
BASEL

VND·ALS·AVF
BEIDEN·SEITEN
GESCHWOREN
WAR, HOB·MAN
AN·ZV·LAVTEN·MIT
DER·RATSGLO
CKE·VND·DEN
GLOCKEN·ALLER
KIRCHEN·VND
KLÖSTER

DANN·ZOG·EIN
JEDER·AVF·SEI
NE·ZVNFT·DIE
RÄTE·ABER·AS
SEN·MIT·DEN·EID
GENOSSISCHEN
BOTEN·IM·HAVSE
ZVM·BRVNNEN
IN·GROSSEN
FREVDEN

Emil Schill, Der Bundesschwur. Wandgemälde im Grossratssaal, 1904

Diplomatie bedeutet Absprachen und Bündnisse. Solche Allianzen waren im späten Mittelalter oft kurzlebig: Bei Bedarf geschlossen und schnell wieder aufgelöst. So darf man auch das Abkommen, das die Basler 1441 mit Bern und Solothurn schlossen, keinesfalls als Vorstufe zum Bundesbeitritt deuten. Die Beziehungen zu den elsässischen Städten waren für Basel allemal wichtiger. 1473 zum Beispiel bildeten die Städte Basel, Strassburg, Colmar und Schlettstadt die ‹Niedrige Vereinigung›, die in den Burgunderkriegen zusammen mit den Eidgenossen gegen Karl den Kühnen kämpfte. Ziel der Basler Diplomatie war es, die Unabhängigkeit der Stadt und ihrer Untertanengebiete zu sichern. Formell blieben zwar Kaiser und Bischof die Oberherren. In Wirklichkeit aber hatte sich Basel im 15. Jahrhundert zu einer ‹Freistadt› entwickelt.

Gegen Ende des Jahrhunderts wandelte sich jedoch die europäische Politik. Die Zeit der Feudalherrschaft, in der Kaiser oder König weit weg und regionale Fürsten übermächtig waren, neigte sich dem Ende zu. Grosse territoriale Komplexe begannen sich herauszubilden, und die Macht wurde zunehmend zentralisiert. Darauf zielte auch die Reichsreform, die der deutsche Kaiser Maximilian 1495 durchsetzte. Der Widerstand der Eidgenossen führte 1499 zu dem Konflikt, den die Deutschen als ‹Schweizer Krieg›, die Schweizer hingegen als ‹Schwabenkrieg› kennen. Auch Basel war davon betroffen. Beide Konfliktparteien versuchten, die Stadt auf ihre Seite zu ziehen, und der Rat hatte grosse Mühe, die Neutralität zu wahren. Zudem spielten sich die Kämpfe oft in unmittelbarer Nähe ab, wie etwa die entscheidende Schlacht bei Dornach, die den Eidgenossen den Sieg brachte. Immer wieder wurde die Landschaft von fremden Soldaten geplündert. Der Rat musste einsehen, dass er das Untertanengebiet nicht wirksam schützen konnte. Nach dem Krieg gerieten die Basler ‹Verräter› durch ihre frustrierten österreichischen Nachbarn zusätzlich unter Druck. Immer wieder wurden städtische Kaufleute ohne Wiedergutmachung ausgeraubt oder gar erschlagen. In dieser ungemütlichen Lage suchte der Rat Hilfe und wandte sich an die Macht, die nicht nur den Burgunderherzog Karl den Kühnen geschlagen, sondern auch dem Kaiser getrotzt hatte: die Schweizer Eidgenossenschaft. (Den Nimbus der Unbesiegbarkeit sollte sie erst 14 Jahre später bei der Schlacht von Marignano verlieren. Das war gleichzeitig auch das Ende der schweizerischen Expansionspolitik.)

Mit hohen Idealen wie Freiheit oder Demokratie hatte der Beitritt nichts zu tun (die Eidgenossenschaft war weder unabhängig noch demokratisch). Es war eine strategische Entscheidung mit politischen und wirtschaftlichen Motiven. In erster Linie ging es um ein miliärisches Bündnis mit gemeinsamer Aussenpolitik. Dies geht dem Bundesbrief von 1501 klar hervor. Ausführlichst wird festgelegt, wer wann wem weshalb zu Hilfe eilen soll, wie allfällige Kriegsbeute zu verteilen sei und anderes mehr. Der letzte Paragraf bestimmt, dass alle Orte bei ihren alten Verträgen und Abhängigkeiten verbleiben. Als oberste Herren Basels werden aufgeführt: der Papst, der Kaiser und der Bischof, sofern dieser, wie es so schön heisst, der Stadt nicht zur Last werde. Wie bezeichnend! Zwei Jahre später wagte der Rat den Machtkampf mit seinem mittelalterlichen Stadtherrn.

DIE MACHTÜBERNAHME DER ZÜNFTE

Als Christoph von Utenheim 1503 zum Bischof gewählt wurde, muss er geahnt haben, dass ihm seine ‹geliebte Stadt Basel› nichts als Scherereien bereiten würde. Als geistiges Oberhaupt war er unbestritten, doch sein Anspruch auf die politische Führung hatte keine Chance. Der Emanzipationsprozess des Rates war viel zu weit fortgeschritten und die verzweifelten Versuche von Bischof Christophs Vorgängern, das Ruder wieder in die Hand zu bekommen, waren gescheitert. Der Rat war sich seiner Position der Stärke bewusst, als er vom neuen Bischof eine neue Verfassung forderte und drohte, ihm sonst den Gehorsamseid zu verweigern. Der Bischof aber weigerte sich, denn das wäre einem Eingeständnis der eigenen Schwäche gleichgekommen. Doch drei Jahre später musste er klein beigeben.

Innerhalb des Rates kam es zu Verschiebungen. Der Adel spielte schon seit geraumer Zeit keine Rolle mehr. Nun gelang es den Zünften, auch die Privilegien des Patriziats (‹Achtburger›) zu brechen. Schliesslich liess der Rat 1521 den Bischof wissen, dass der einzige Eid, den er zu schwören gedenke, dem eidgenössischen Bund gelte. Das war der endgültige Bruch. Obwohl dieser Schritt einseitig war und gegen jegliches Recht verstiess, konnte der Bischof nichts machen. Seine Proteste bei der eidgenössischen Tagsatzung verhallten ungehört.

Eine Revolution war das nicht, vielmehr der logische Abschluss eines Prozesses, der knapp zweihundert Jahre zuvor begonnen hatte, als die ersten Zunftvertreter im Rat Einsitz nahmen. Die Macht des Bischofs hatte schon damals zu bröckeln begonnen. Im 15. Jahrhundert nahm auch der Einfluss des Adels immer mehr ab. Es wurde zunehmend schwierig, einen Adligen zu finden, der bereit war, das Bürgermeisteramt zu übernehmen, wie es die Verfassung vorschrieb. Es entsprach der Logik, dass dies in der Verfassung von 1506 geändert wurde. Zunächst füllten die Achtburger die Lücke, doch schon 1516 wurde erstmals ein Zunftvertreter Bürgermeister. Es war jener Jakob Meyer zum Hasen, dessen Gesichtszüge Kunstkennern vertraut sind, da er sich vom jungen Hans Holbein porträtieren liess. Meyers politische Karriere nahm aber 1521 ein abruptes Ende. Er stolperte über einen Korruptionsskandal, der als Pensionensturm in die Geschichtsbücher eingegangen ist. Pensionen waren Schmiergelder, mit denen die französischen Könige die eidgenössische Politik (erfolgreich) beeinflussten. Nicht, dass man grundsätzlich etwas gegen Schmiergelder hatte (der Neubau des Rathauses wurde weitgehend durch sie finanziert), aber Meyer und andere hatten sich persönlich bereichert, was zu ihrer Ablösung führte. Im Kern ging es aber um einen ganz anderen Konflikt: Nachdem Bischof, Adel und Patriziat ausgeschaltet waren, kämpften die Zünfte unter sich um die Vorherrschaft. Alle wichtigen Ämter waren von Vertretern der Herrenzünfte besetzt. Nun wollten auch die Handwerkszünfte ein Stück vom Kuchen. Der Pensionensturm war ein erstes Aufbäumen. Acht Jahre später trug eine weitere Revolte der Handwerker massgeblich zur Durchsetzung der Reformation bei.

RATHAUS

Das Basler Rathaus ist politische Architektur. Nicht, weil hier seit einem halben Jahrtausend die städtische Politik gemacht wird, sondern weil der Rat vor fünfhundert Jahren mit diesem Bau seinen Machtanspruch formulierte.

Kurz nachdem sich Bischof Christoph von Utenheim geweigert hatte, der Stadt eine neue Verfassung zu geben, beschloss der Rat, ein neues Rathaus zu errichten. Baubeginn war 1504. Kurz nachdem der Bau vollendet war, gewann der Rat den Machtkampf und sagte sich 1521 von seinem mittelalterlichen Stadtherrn los. Nur etwas hatte man unterschätzt: Der administrative Aufwand war, nach der Vertreibung des Bischofs, wesentlich grösser. Das Rathaus, gerade erst vollendet, war zu klein. 1530 kaufte man zwei nördlich angrenzende Liegenschaften und nutzte sie vorerst so, wie sie waren. Zwischen 1600 und 1612 ersetzte man sie durch einen Flügel in genau gleichem Stil wie der Kernbau (vom Marktplatz aus gesehen befindet sich der Anbau links von den Arkaden, mit einer Nische für die Schildwache). Aus dieser Zeit stammen auch die Wandmalereien von Hans Bock. 1900 wurde das Rathaus erneut erweitert. Wiederum benötigte die Regierung aufgrund der massiven Veränderungen der Stadt im 19. Jahrhundert mehr Platz. Ein neues Hinterhaus, ein Turm und der Flügel mit dem Erker wurden hinzugefügt. Die drei

Bauphasen spiegeln wichtige Etappen der städtischen Geschichte. Der älteste Teil steht für die Machtübernahme vom Bischof, der erste Anbau für die Konsolidierung des ‹Ancien Régime›, die letzten Erweiterungen für das Entstehen der modernen Stadt.

Doch wenden wir uns der ursprünglichen Fassade und ihrer künstlerischen Ausschmückung zu, die sich vor allem auf die mittlere Achse konzentriert (die Malereien sind jünger). In ihrer genauen Mitte befindet sich die Uhr, damals ein Symbol der Macht. Über dieser Uhr sind drei Statuen: links Heinrich II., rechts seine Gattin Kunigunde, in der Mitte eine Frau mit Schwert und Waage – Justitia. Ursprünglich stand hier eine Statue der Jungfrau Maria, die allerdings nach der Reformation in eine Justitia umgewandelt wurde. Darüber steht der Bannerherr, ein Krieger mit der Basler Fahne. Zu seiner Linken und Rechten prangen die Wappen der eidgenössischen Orte auf den Zinnen (die wiederum ein Element aus der Wehrarchitektur sind). Bei dieser Ausschmückung geht es um Macht, Legitimation und Stärke. Wir, so kann man die Aussage lesen, sind zu Recht die Herren dieser Stadt, denn unsere Macht steht, dank den Stadtpatronen, in direkter Verbindung zum Himmel. Sollte dies nicht genügen, sind wir bereit, die Herrschaft auch mit Gewalt zu verteidigen. Dabei können wir auf die Hilfe unserer Bundesgenossen zählen.

Ludwig Keiser, Oekolampad-Denkmal (Kopie), 1862

DER NEUE GLAUBE

Es gibt Bücher, die den Lauf der Geschichte verändern. Ein solches erschien 1516 bei Johannes Froben in Basel: das ‹Novum Instrumentum Omne› des Erasmus von Rotterdam. Es war die erste gedruckte Ausgabe des Neuen Testaments im griechischen Originaltext, mit einer lateinischen Übersetzung und Anmerkungen des niederländischen Gelehrten. Für Luther und alle anderen Reformatoren war es in der Tat ein ‹neues Instrument›. Das, und nur das, war das wahre Wort Gottes. Mit ihm würden sie die Irrlehren der römischen Kirche (Ablass, Heiligenverehrung, Messopfer und so fort) zertrümmern. Auch wenn heutige Wissenschaftler auf die Fehler und Schwächen des Werkes hinweisen, besteht an seiner Wirkung kein Zweifel. Auf ihm basierten alle neusprachlichen Bibelübersetzungen der Zeit (Lutherbibel, Zürcher Bibel, ‹King James Version› etc.). Nicht Erasmus hat die Kirche gespalten, aber er hat, wie altgläubige Zeitgenossen kritisierten, die Eier gelegt, die Luther ausbrütete.

Es sollte nicht der einzige Beitrag der Basler Drucker zur Reformation bleiben. Der Buchdruck war zwar schon vor über sechzig Jahren erfunden worden, doch die Reformatoren waren die ersten, welche die propagandistischen Möglichkeiten des Mediums erfassten. Eine unermessliche Zahl von Büchern, Pamphleten und Flugblättern überflutete Europa im ersten Jahrzehnt der Reformationsbewegung. Nirgends wurde mehr gedruckt als in Basel. Sämtliche Schriften Luthers, die in Wittenberg in kleiner Auflage erschienen, wurden hier sofort nachgedruckt und in ganz Europa verbreitet. An der raschen Ausbreitung des reformatorischen Gedankenguts hatten die Basler Drucker einen wesentlichen Anteil. Das heisst nicht, dass sie alle Anhänger der Reformation waren. In erster Linie druckten sie Luther, weil sich damit glänzende Geschäfte machen liessen.

Im Vergleich zu anderen Städten (Zürich, Bern) setzte sich die Reformation in Basel erst spät durch. Zwar fanden Luthers berühmte ‹95 Thesen gegen den Ablass› auch hier breite Anerkennung. Die Missstände der römischen Kirche und der Machtmissbrauch der Renaissance-Päpste war vielen ein Dorn im Auge. Von der Notwendigkeit einer Reform waren weite Kreise (auch der Basler Bischof) überzeugt. Aber als sich die Bewegung zunehmend radikalisierte und immer deutlicher auf einen Bruch mit Rom hinsteuerte, führte dies zu einer tiefen Spaltung innerhalb der städtischen Gesellschaft.

Es gab schon früh glühende Verehrer des deutschen Reformators. Eine Gruppe junger Priester, kaum einer älter als dreissig Jahre, griff um 1520 die kirchlichen Rituale an und begann, in der neuen, ‹lutherischen› Art zu predigen. Doch fehlte der Bewegung ein Anführer. Dies änderte sich, als 1522 Johannes Husschyn (der seinen Namen, humanistischer Sitte entsprechend, ins Griechische übersetzte und sich ‹Oekolampad› nannte) nach Basel zurückkehrte. Sieben Jahre zuvor hatte er als Korrektor an der Ausgabe des ‹Novum Instrumentum› mitgewirkt. Nun war er vierzig Jahre alt; schwächlich, immer kränkelnd, mit hoher Fistelstimme und starkem schwäbischen Akzent – nicht wirklich die heroische Gestalt, die heute vor dem Kreuzgang auf den Betrachter hinunterschaut. Doch er war, mit Melanchthon, der bedeutendste Gelehrte unter den Reformatoren. Ein römischer Kleriker schrieb über ihn, er sei «schlimmer als Luther». Seine Lehre stand derjenigen Zwinglis sehr nahe. Mit diesem war er eng befreundet; es heisst, dass ihm Zwinglis Tod in der Schlacht von Kappel 1531 das Herz gebrochen habe. Er starb nur einen Monat später im Alter von 49 Jahren.

Nach seiner Rückkehr 1522 erhielt Oekolampad einen Lehrstuhl an der Universität. In seinen Vorlesungen legte er die Heilige Schrift in einer neuen Art aus. Dasselbe tat er in populären deutschen Predigten in der Martinskirche. Die Reformationsbewegung gewann schnell neue Anhänger. Nicht alle von ihnen hatten ausschliesslich religiöse Motive. Die Kirche war nach wie vor eine mächtige Institution. Ihr gehörte etwa ein Viertel aller Gebäude innerhalb der Stadtmauern. In den neun Klöstern arbeiteten handwerklich begabte Brüder und Schwestern. Der Kontrolle der Zünfte entzogen, produzierten sie für den lokalen Markt. Diese unliebsame Konkurrenz war den städtischen Handwerkern seit Langem ein Dorn im Auge. Nun sahen sie eine Gelegenheit, sie auszuschalten.

Neben wirtschaftlichen gab es auch politische Gründe, weshalb viele Handwerker die Reformation unterstützten. Die meisten der Handelsleute, die den Rat dominierten, waren ‹altgläubig›. Von einem Sieg der Reformation versprachen sich die Handwerker einen grösseren politischen Einfluss. (Es ging dabei nicht, wie manchmal zu lesen ist, um mehr Demokratie. Die Meister wollten mitreden, aber kein Mensch dachte an die Frauen, Gesellen oder ländlichen Untertanen.)

Dem Rat fiel in diesen turbulenten Jahren eine völlig neue Rolle zu. Er trat als Richter in religiösen Fragen auf. Ein erstes Mal tat er dies mit dem Predigtmandat von 1523. Darin und in den späteren Mandaten versuchte er, mässigend auf die Konfliktparteien einzuwirken, und er rief zur gegenseitigen Toleranz auf. Doch das stiess bei Alt- wie Neugläubigen auf taube Ohren. Im Winter 1528/29 forderten die Handwerkszünfte ultimativ das Verbot der Messe sowie den Ausschluss der Altgläubigen aus dem Rat. Um der Forderung Nachdruck zu verleihen, belagerten sie am 8. Februar 1529 das Rathaus. Am andern Morgen stürmte eine Schar junger Männer das Münster. Sie zerrten die Altäre und Heiligenstatuen ins Freie und verbrannten sie auf einem riesigen Scheiterhaufen. Der Bildersturm brachte die Entscheidung. Eingeschüchtert gab der Rat nach. Der altgläubige Bürgermeister Meltinger floh über Nacht, und in den folgenden Wochen verliessen die meisten Altgläubigen die Stadt. Die Reformation hatte gesiegt.

Heute ist der Bildersturm den meisten Menschen völlig unverständlich. Sogar Historiker neigen schnell dazu, diesen ‹barbarischen Akt› zu verurteilen. Natürlich schmerzt der Verlust von Kunstwerken, doch sollte das Ausmass der Idolatrie im späten Mittelalter nicht übersehen werden. Statuen und Bildern wurden magische Kräfte zugesprochen, sie wurden verehrt, sie waren im wahrsten Sinne des Wortes zu Idolen (Götzen) geworden. Dagegen wandten sich die Reformatoren, da dies in der Bibel ausdrücklich verboten wird. Was sie jedoch auch ablehnten, waren unkontrollierte Exzesse. Sie zogen es vor, die Kirchen wohlgeordnet von den ‹Götzen› zu befreien. Was in Basel in den Wochen nach dem Bildersturm auch geschah (nur die Martins- und die Leonhardskirche waren schon vor 1529 geräumt worden).

Nach dem Sieg der Reformation verfasste Oekolampad die ‹Basler Konfession›, auf die alle Bürger schwören mussten. Doch erfüllten sich nicht alle Träume des Reformators. So scheiterte seine Forderung nach unentgeltlichem Schulunterricht (damit alle das Wort Gottes selbst lesen konnten). Ausserdem war die protestantische Kirche nicht unabhängig, sondern wurde zur Staatskirche unter der Kontrolle des Rates.

Auch die Hoffnungen der Handwerker auf vermehrte politische Mitsprache erfüllten sich nicht. Obwohl die altgläubigen Mitglieder aus dem Rat ausgestossen wurden, behielten die Herrenzünftler das Heft in der Hand. Die neue Verfassung von 1534 festigte ihre dominante Position. Daran sollte sich bis 1798 nichts mehr ändern.

DAS KONFESSIONELLE ZEITALTER
1530–1648

Vogelschauplan aus Sebastian Münsters ‹Cosmographia›, 1544

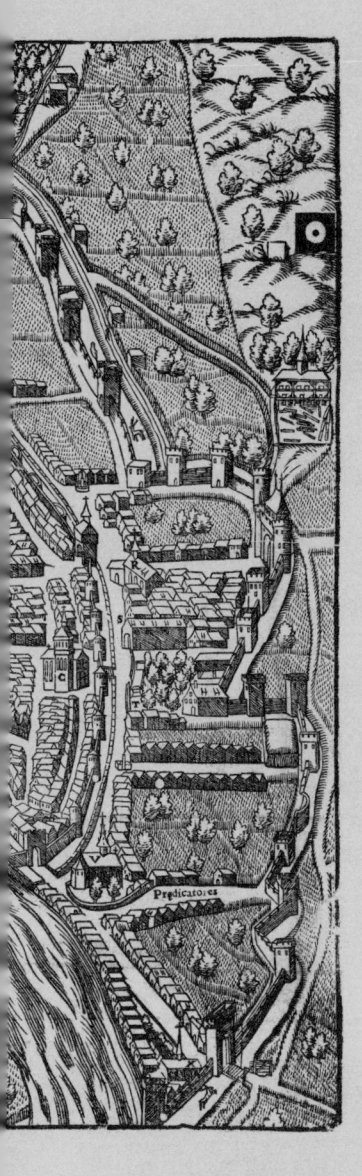

DAS KONFESSIONELLE ZEITALTER
1530–1648

1544 bat ein niederländischer Kaufmann in Basel um Asyl. Johann von Brügge nannte er sich, und weil er sehr viel Geld hatte, wurde er gerne ins Bürgerrecht aufgenommen. Er lebte, hoch angesehen, auf dem Heuberg (und auf seinem Landsitz, dem Binninger Schloss). Als er 1556 starb, wurde er mit allen Ehren auf dem Friedhof der Leonhardskirche bestattet.

Drei Jahre später war der Skandal perfekt. Der feine Herr hatte hier unter falschem Namen gelebt. In Wahrheit hiess er David Joris, war Wiedertäufer und Führer einer eigenen Sekte, der Davidisten. Mit andern Worten: der schlimmste Ketzer, den man sich vorstellen konnte! Sofort trat der Rat zusammen. Die Davidisten wurden verhaftet und verhört. Schliesslich wurde das, was von David Joris nach drei Jahren in der Gruft noch übrig war, ausgegraben und öffentlich verbrannt. Bis zum heutigen Tag soll sein Geist im Spiesshof auf dem Heuberg spuken (obwohl dieser Renaissancepalast erst zwanzig Jahre später errichtet wurde).

Die Geschichte zeigt, dass die religiösen Wirren keinesfalls vorüber waren. Im Gegenteil! Die turbulenten 1520er-Jahre hatten der Reformation in weiten Teilen Europas zum Durchbruch verholfen. Doch waren sie nur ein Auftakt: Der Kontinent sollte über ein Jahrhundert lang nicht zur Ruhe kommen. Von 1540 an begann sich die katholische Kirche von dem Schlag zu erholen, nahm an Stärke zu und begann, verlorene Gebiete zu rekatholisieren. Die Gegenreformation stiess nicht auf den geeinten Widerstand der Protestanten, denn diese hatten sich bald untereinander zerstritten. Lutheraner, Zwinglianer und Calvinisten waren ihrerseits damit beschäftigt, Wiedertäufer oder andere dissidente Gruppen zu verfolgen. Überall brannten die Scheiterhaufen (nicht nur, wie in Basel, für Leichen) und grausame Kriege wüteten im christlichen Bemühen, allen anderen mit Schwert und Feuer den wahren Weg zum Heil zu weisen. Wie erging es Basel in diesem ‹konfessionellen Zeitalter›? Wie positionierte sich die protestantische Staatskirche? Wie ging der Rat mit lebenden Dissidenten um? Und wie war seine Migrationspolitik zu einer Zeit, als der halbe Kontinent auf der Flucht war?

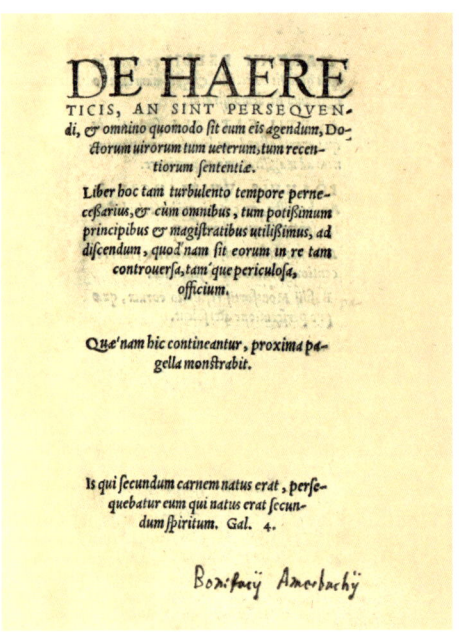

Titelblatt von Sebastian Castellios Traktat über die Ketzerverfolgung, 1553

AUF DEM WEG ZUR PROTESTANTISCHEN ORTHODOXIE

Es ist bemerkenswert, was mit den Davidisten geschah. An vielen Orten wären sie wohl zusammen mit ihrem toten Meister verbrannt worden. Nicht so in Basel. Sie mussten lediglich im Münster öffentlich ihrem Irrglauben abschwören. Danach blieben sie nicht nur unbehelligt, sie durften sogar in der Stadt bleiben. Das spricht für ein relativ liberales Klima (relativ, da die Wiedertäufer auf der Landschaft gnadenlos verfolgt wurden). Tatsächlich zeichnete dies die Stadt in der Mitte des 16. Jahrhunderts aus.

Die Universität trug das ihre dazu bei. Nach einer Krise in den Reformationsjahren hatten sich dort Gelehrte von internationalem Ruf eingefunden. Sie verhalfen dem Basler Humanismus zu einer zweiten, bis in die 1580er-Jahre anhaltenden Blüte. Davon profitierten wiederum die Drucker. Die in Basel erschienenen Bücher zeugen von einer seltenen Offenheit. Sie reichen von Calvins ‹Institutiones› (1536) bis zur lateinischen Übersetzung des Korans durch Theodor Bibliander (1543). Dessen Druck erlaubte der Rat allerdings erst nach zustimmenden Gutachten protestantischer Autoritäten wie Calvin und Melanchthon. Der bemerkenswerteste Druck dieser Zeit scheint mir allerdings das kleine Büchlein Sebastian Castellios ‹De haereticis an sint persequendi› (Ob Ketzer zu verfolgen sind) aus dem Jahr 1553 zu sein. Geschrieben als Reaktion auf die Verbrennung des Servetus im calvinistischen Genf, ist es eine kühne Verteidigung der Gedankenfreiheit und einer der ersten Aufrufe zur religiösen Toleranz.

Die tolerante Atmosphäre war möglicherweise auch Ausdruck einer gewissen Führungsschwäche. Seit der Reformation war der Münsterpfarrer zugleich Antistes (Vorsteher) der Staatskirche. Nach Oekolampads Tod trat Oswald Myconius (1488–1552) die Stelle an. Wenn wir Erasmus von Rotterdam glauben wollen, war er «ein einfacher Mensch»; sicher kein Visionär, sondern ein braver Verwalter des reformierten Erbes. Auch sein Nachfolger Simon Sulzer (1508–1585) war kein Pfeiler der protestantischen Orthodoxie. Er hatte starke Sympathien mit der lutherischen Kirche und hielt die Stadt davon ab, mit den übrigen reformierten Orten der Eidgenossenschaft die Zweite

Hier spukt David Joris: der um 1590 erbaute Spiesshof, einer der wenigen Renaissancebauten Basels

Helvetische Konfession (1566) zu unterzeichnen. Erst Johann Jakob Grynäus (1540–1617) führte die Basler Kirche wieder energisch auf den ‹gesamteidgenössischen› Weg zurück. Er formte die orthodoxe protestantische Staatskirche, die mit ihren Sittenmandaten, Kleiderordnungen und der streng dogmatischen Lehre das Leben dieser Stadt auf Jahrhunderte hinaus prägte.

GEGENREFORMATION UND RAPPENKRIEG

Die Hinwendung zur protestantischen Orthodoxie hatte einen politischen Hintergrund. Simon Sulzers lutheranisierender Kurs hatte Basel den reformierten Orten der Eidgenossenschaft entfremdet. Als der Fürstbischof von Basel plötzlich vor der Tagsatzung alte Ansprüche geltend machte, fehlten der Stadt Verbündete.
Nach seiner Wahl 1577 ging Bischof Jakob Christoph Blarer von Wartensee mit grosser Entschlossenheit daran, verlorenes Terrain wiedergutzumachen. In seinen Bemühungen, die reformiert gewordenen Teile seiner Diözese zu rekatholisieren, gewann er die Unterstützung der katholischen Orte der Eidgenossenschaft (was zeigt, wie tief die Reformation den Bund gespalten hatte). Das tangierte Basels Interessen, denn die Stadt hatte mit den reformierten Städten Laufen und Delémont sogenannte Burgrechte abgeschlossen

(diese, eine Art Schutzbündnis, bildeten oft eine Vorstufe zur territorialen Expansion). Der Bischof verlangte die Annullation dieser Verträge. Er ging sogar noch einen Schritt weiter: Er hinterfragte die Rechtmässigkeit des Bruchs, den der Rat 1521 vollzogen hatte. Mit andern Worten: Er forderte seine mittelalterlichen Herrschaftsrechte wieder zurück. Sicherlich bereute der Rat jetzt, dass er die Frage nie geklärt hatte, als sich der Bischof in einer schwachen Position befand. Nun blieben ihm nur zwei Möglichkeiten: Krieg oder der Gang vor ein Schiedsgericht. Entgegen den Empfehlungen seiner juristischen Berater entschied sich der Rat für Letzteres. Und verlor.

Natürlich gelang es dem Bischof nicht, das Rad der Geschichte vollständig zurückzudrehen. Aber die Burgrechte Basels mit Laufen und Delémont wurden annulliert (beide Städte wurden alsogleich rekatholisiert), und die Stadt musste sich für die immense Summe von 200 000 Gulden von sämtlichen Ansprüchen ihres mittelalterlichen Stadtherrn loskaufen. Als die Summe 1587 bezahlt war, war die Staatskasse leer. Der Rat erhob deshalb eine zusätzliche Steuer von einem Rappen auf jedes Mass Wein. Dies führte zu dem Aufstand der Landbevölkerung, der als ‹Rappenkrieg› bekannt geworden ist. Dank des diplomatischen Geschicks des Basler Ratsherrn Andreas Ryff (1550–1603) gelang es, den Konflikt 1594 beizulegen, ohne dass ein Tropfen Blut geflossen wäre. Das ist umso bemerkenswerter, weil Milde gegenüber Untertanen nicht unbedingt das Markenzeichen der städtischen Elite war. Doch davon später.

FLÜCHTLINGE

Die problemlose Einbürgerung des Johann von Brügge (alias David Joris) könnte zur Annahme verleiten, der Basler Rat habe bei der Aufnahme verfolgter Glaubensbrüder nicht allzu genau hingeschaut. Doch das tat er durchaus. Nur galt seine Aufmerksamkeit in erster Linie dem Geldbeutel.

Die Einbürgerungspolitik der Stadt war schon im Mittelalter nicht besonders freizügig. Im 16. Jahrhundert, als immer mehr Menschen auf der Flucht waren, wurde sie zunehmend restriktiv. Ein beredtes Beispiel dafür ist der ‹Welschenerlass› von 1546 (mit ‹welsch›, einem alten Wort für ‹fremd›, bezeichnete man schon damals vor allem Menschen aus romanischen Ländern). In ihm verfügte der Rat, von nun an überhaupt keine Welschen mehr aufzunehmen, ausser sie seinen «rych oder kunstrych». Nach diesem Prinzip verfuhr der Rat aber auch mit Asyl Suchenden aus anderen Ländern. Solidarität mit Glaubensgenossen spielte keine Rolle: Als Königin Mary (reg. 1553–1558) die englischen Protestanten verfolgte, blieben ihnen die Tore Basels trotz Appellen der Geistlichkeit verschlossen. Anders verhielt es sich bei den französischen Hugenotten, denn diese entstammten oft der Oberschicht, waren reich und verfügten über kommerzielles Know-how. Gemeinsam mit italienischen und niederländischen Refugianten sollten sie das Basler Wirtschaftsleben im 17. Jahrhundert umwälzen. Sie stiegen auch in der sozialen Hierarchie der Stadt schnell nach oben – und blieben dort. Viele der ‹alten› Basler Geschlechter (zum Beispiel Sarasin oder Christ) liessen sich im Verlauf des 16. und des 17. Jahrhunderts als Flüchtlinge in der Stadt nieder.

DER DREISSIGJÄHRIGE KRIEG

Hundert Jahre nach Luthers berühmten 95 Thesen gegen den Ablass war Europa noch immer nicht zur Ruhe gekommen. Im Gegenteil! Die Spaltung der Christenheit führte zu einem der hässlichsten Gemetzel, das die Welt bis dahin gesehen hatte: dem Dreissigjährigen Krieg. Er wurde nicht bloss zwischen Armeen ausgefochten, er richtete sich in hohem Masse auch gegen die Zivilbevölkerung. Was 1618 mit einem Aufstand der Protestanten in Böhmen begann (‹Prager Fenstersturz›), weitete sich bald zu einem gesamteuropäischen Konflikt aus, in dem es nicht nur um den richtigen Glauben, sondern auch um die politische Vorherrschaft auf dem Kontinent ging. Drei Jahrzehnte zog sich der Krieg hin, der das Heilige Römische Reich in ein Schlachtfeld verwandelte. Erst als alle Parteien des Kämpfens müde wurden und ein Drittel der gesamten deutschen Bevölkerung abgeschlachtet war, kam es in Westfalen zu einem (labilen) Frieden.

Die eidgenössischen Orte waren an diesem Krieg nicht beteiligt (obschon auf allen Seiten Schweizer Söldner kämpften). Aber gerade Basel bekam seine Grenzlage immer wieder zu spüren. Fremde Soldaten marschierten plündernd durch die Basler Landschaft und das Elsass wurde mehrfach übel heimgesucht. Mehr als einmal verwandelte sich der Petersplatz in ein Flüchtlingslager, und die Versorgungslage war oft prekär. Zudem wurde der Stadt immer wieder zu verstehen gegeben, dass sie, wie die übrige Eidgenossenschaft, rechtlich nach wie vor Teil des Reiches war. Basler Bürger wurden vor das Reichskammergericht in Speyer zitiert. Und als sie dort nicht erschienen, wurden Kaufleute aus Basel auf ihren Reisen in den Norden schikaniert und ihre Güter konfisziert.
Dies bewog den Basler Bürgermeister Johann Rudolf Wettstein (1594–1666), zu den Friedensverhandlungen nach Westfalen zu reisen. Unterstützt wurde er anfänglich nur von den protestantischen Orten, was seine einjährige Mission nicht unbedingt erleichterte. Aber sie war äusserst erfolgreich: Wettstein erreichte, dass die Eidgenossenschaft in den Friedensvertrag von 1648 aufgenommen wurde. Im entsprechenden Abschnitt bestätigten die europäischen Mächte, dass die Stadt Basel und die übrigen Schweizer Kantone im Besitze völliger Freiheit und dem Reich und seinen Gerichten in keiner Weise unterworfen seien. Die schweizerische Unabhängigkeit wurde also nicht durch Tells sagenhaften Apfelschuss errungen, sondern durch eine diplomatische Glanzleistung.

Alexander Zschokke, Wettsteinbrunnen, 1955

DER BAUERNKRIEG VON 1653

Seinen Untertanen gegenüber trat Bürgermeister Wettstein allerdings nicht als Diplomat auf. Dies zeigte sich anlässlich einer Revolte der Landbevölkerung, im sogenannten Bauernkrieg von 1653.

Ursprung der Revolte war eine Soldatensteuer, die der Rat während des Dreissigjährigen Krieges erhoben hatte und auch nach Kriegsende weiter kassierte. Die Abgabe wurde der Landbevölkerung besonders in der wirtschaftlich schweren Zeit nach 1650 zur Last, zumal sich ja gezeigt hatte, dass die Stadt ihre Untertanen trotz der Soldatensteuer nicht wirksam schützen konnte. 1653 unterzeichneten die Bauern eine Petition und sandten eine Delegation an den Rat. Dies war eine damals durchaus übliche Form des Protestes.

Die Bauern anderer Kantone hatten ähnliche Beschwerden. Sie schlossen einen Bund, dem auch die Baselbieter Bauern beitraten. Zum ersten Mal in der Schweizer Geschichte hatten sich Untertanen verschiedener Kantone miteinander verbündet. Die Herren waren alarmiert. Zürich und Bern sandten eine Armee, die das Aufgebot der Bauern bei Wohlenschwil im Aargau besiegte. Unmittelbar danach liess Bürgermeister Wettstein die Basler Landschaft von Standestruppen besetzen. Es gab keinen Widerstand. 78 Männer wurden gefangen nach Basel geführt, sieben von ihnen nach Verhör und Folter als Rädelsführer hingerichtet. Das war eine sehr viel härtere Bestrafung als in den übrigen Kantonen, obwohl der Protest hier, im Unterschied zu anderswo, nie gewalttätig wurde.

# DAS ANCIEN RÉGIME
1648–1798

Matthäus Merian, Vogelschauplan von Basel, 1615

DAS ANCIEN RÉGIME
1648–1798

Im Begriff ‹Ancien Régime› schwingt ein leicht negativer Unterton mit. Das war durchaus beabsichtigt. So bezeichneten die französischen Revolutionäre die gut zweihundertjährige Regierungszeit der Bourbonen-Dynastie, nachdem sie sich dieses Königsgeschlechts entledigt hatten. Schweizer Historiker haben den Begriff für die Geschichte der Eidgenossenschaft übernommen, wobei die Verwendung nicht einheitlich ist. Für die einen beginnt die Epoche schon im 16. Jahrhundert, für die anderen mit der Loslösung vom Reich 1648. Ihr Ende aber ist unbestritten: die Helvetische Revolution von 1798. Egal, wie man ihn verwendet, ein französischer Begriff ist allemal passend, denn der Einfluss Frankreichs war in dieser Zeit immens, nicht nur in der Schweiz.

Der Dreissigjährige Krieg hatte das Kräfteverhältnis in Europa verschoben. Als neue ‹Supermacht› konnte sich Frankreich etablieren. Dort regierte der Sonnenkönig Louis XIV mit absoluter Macht. Seine Herrschaftsform wurde zum Muster für alle anderen europäischen Monarchien, weshalb die Ära auch als Zeitalter des Absolutismus bekannt ist. Dies war aber nicht das Einzige, was nachgeahmt wurde. Die europäischen Eliten kopierten französische Lebensart, Mode und Architektur. Nicht zuletzt wurde in dieser Zeit Französisch zur Sprache der internationalen Diplomatie (und ist es teilweise bis heute geblieben).

Basels Blick nach Westen war nicht immer frei von Sorgen. Mit Frankreichs Übernahme des Sundgaus 1648 war das Königreich zum direkten Nachbarn der Stadt geworden. Ein mächtiger und zuweilen auch unbequemer Nachbar: 1681 beispielsweise liess Louis XIV wenige Kilometer vor der Stadt, in Hüningen, eine Festung bauen. Als Teil des ‹eisernen Ringes›, eines Festungsgürtels zur Sicherung von Frankreichs Grenzen, hatte sie zwar defensiven Charakter, doch wurde sie in Basel als Bedrohung empfunden. Bis zur Schleifung 1815 blieb die Festung Hüningen den Baslern ein Dorn im Auge.

Nichtsdestoweniger eiferte die städtische Elite Frankreich in jeder Hinsicht nach. Die Basler Handelsleute gründeten Niederlassungen in Lyon, Bordeaux oder Nantes, die führenden Familien errichteten sich barocke Paläste nach französischem Vorbild und sprachen Französisch, was im lokalen Dialekt Spuren hinterlassen hat. Beeinflusst wurde auch die städtische Politik: Die Republik verwandelte sich zunehmend in eine Oligarchie mit absolutistischer Tendenz.

Meisterkrone der Rebleutenzunft, 17. Jahrhundert

‹UNSERE GNÄDIGEN HERREN›

Man könnte annehmen, diese kostbare Krone sei für das Haupt eines Fürsten geschaffen worden. Weit gefehlt. Mit ihr wurde der Meister der Geltenzunft (Zunft der Weinleute) am Sonntag vor Johannis (24. Juni) gekrönt. Über ähnliche Kleinode verfügten auch die anderen Zünfte. Die Entwicklung der Meisterkronen spricht für sich: Im Mittelalter wurden die Häupter der Zunftmeister mit einem einfachen Kranz aus natürlichen Blumen geschmückt. Im späten 16. Jahrhundert bestand der Meisterkranz aus Flitter und künstlichen Blumen. Im 17. Jahrhundert schliesslich wurden die ‹Kränze› aus Edelmetall gefertigt. Mit den Kronen wandelten sich auch ihre Träger. Sie wurden zu ‹Unseren Gnädigen Herren›. Das ist nur die Kurzform; die offizielle Anrede umfasste von ‹ehrenvest› bis ‹fürsichtig› mindestens zehn Prädikate. Das galt nicht nur für die Zunftmeister, sondern für alle Mitglieder des hohen Rates.

Seit der Reformation waren die Zünfte alleinige Träger des politischen Systems. Jede Zunft hatte einen Vorstand von sechs Mitgliedern (‹Sechser›), einen Ratsherrn und einen Meister. Die Meister und Ratsherren sassen im Kleinen Rat, dem der Bürgermeister und der Oberstzunftmeister vorstanden. Der Grosse Rat wurde aus den Vorständen der Zünfte, den Vertretern der Vorstadtgesellschaften und der Kleinbasler Ehrengesellschaften gebildet.

Um einer allfälligen Verwirrung vorzubeugen: wenn in diesem Buch vom Rat die Rede ist, ist immer der Kleine Rat gemeint. Bis 1691 hatte der Grosse Rat herzlich wenig zu sagen. Er wurde nur sporadisch einberufen (zwölfmal zwischen 1600 und 1691), um Entscheide des Kleinen Rates durchzuwinken. Dieser dominierte mit seinen Ausschüssen die städtische Politik, die Kirche und die Gerichte. Der wichtigste Ausschuss war der vom Oberstzunftmeister präsidierte ‹Dreizehner›. Er besorgte die Tagesgeschäfte und bereitete die Ratssitzungen vor; er bildete sozusagen den innersten Zirkel der Macht. Die Frage ist, wie man dorthin gelangte.

Wahlen gab es zwar, aber sie waren weder allgemein noch öffentlich. Mit seiner Krönung wurde ein Zunftmeister Nachfolger seines eigenen Nachfolgers. Das heisst, es gab zwei Zunftmeister, aber auch zwei Bürgermeister, Oberstzunftmeister, Ratsherren. Sie alle wechselten sich im jährlichen Turnus ab. Im Frühsommer bestätigte der ‹alte› Rat den ‹neuen› im Amt (die Unterscheidung war reine Formalität, da sowohl die alten wie auch die neuen Räte an den Sitzungen teilnahmen).

Am 24. Juni war Schwörtag. Würdevoll schritt der Oberstzunftmeister von Zunfthaus zu Zunfthaus, um von der dort versammelten Zunftgemeinde den Gehorsamseid entgegenzunehmen. Dabei wurde ihm der gut gefüllte Ehrenpokal der Zunft gereicht. Man kann sich leicht ausmalen, dass es seinem Auftritt gegen Ende des langen Tages etwas an Würde gebrach.

Mit dem Schwur erschöpfte sich die Beteiligung der Bürger am Wahlgeschehen. Ein Wahlrecht hatten sie nicht einmal innerhalb der eigenen Zunft. Wenn sich ein Sechser zurückzog, starb oder einen höheren Posten einnahm, wählten die verbliebenen Sechser seinen Nachfolger. Der Vorstand wählte auch den Zunftmeister, während die Ratsherren der Zünfte ebenso wie Bürgermeister und Oberstzunftmeister vom Kleinen Rat gewählt wurden. Den Wahltag hatte niemand zu fürchten: Eine Abwahl kam so gut wie nie vor. Wer es einmal in den Rat geschafft hatte, verblieb dort für den Rest seines Lebens.

Theoretisch konnte jeder Bürger, also auch ein einfacher Handwerker, in den Vorstand seiner Zunft oder in den Rat gewählt werden. Bei elf Handwerkszünften (gegenüber vier Herrenzünften) sollte man in beiden Räten ein Übergewicht der Handwerker erwarten. In der Praxis sah es anders aus: Zwischen 1529 und 1798 schafften es nur vier Handwerker in den Dreizehner und keiner wurde Bürgermeister oder Oberstzunftmeister. Sogar innerhalb ihrer eigenen Zünfte gaben andere den Ton an. Im 16. Jahrhundert wurde die Doppelzünftigkeit zugelassen, und bald dominierten Handelsleute, Juristen oder Berufsoffiziere die Handwerkszünfte. Zudem erforderte eine politische Karriere Geld. Die hohen politischen Ämter waren im Prinzip ehrenamtlich (obschon die Bezüge in Geld und Naturalien teilweise beträchtlich waren). Zudem musste man die richtigen Freunde haben. Wie aber verschaffte man sich diese? Mit einer kleinen Aufmerksamkeit hier, einer kleinen Gabe dort ... Das ganze System war bestechlich. Tatsächlich führten Misswirtschaft und Korruption zu seiner grössten Krise.

Unbekannter Künstler, Die Hinrichtung Johannes Fatios
und zwei seiner Mitverschworenen auf dem Kornmarkt, um 1700

DIE 1691ER-WIRREN

Jahrelang bot sich Einheimischen und fremden Ankömmlingen vor dem Rheintor bei der Mittleren Brücke ein grausiger Anblick: ein aufgespiesster Schädel. Ungewöhnlich war das nicht: In ähnlich dezenter Weise wurde auch in anderen Städten Wohlverhalten angemahnt. Dennoch wird sich ein Fremder gefragt haben, um wen es sich konkret handelte und wie der Mann zu diesem schmählichen Ende gekommen war. Sein Name war Johannes Fatio. Sein Verbrechen: Insubordination.

Die Hinrichtung Fatios (geb. 1649) am 28. September 1691 beendete einen Aufstand, der die Stadt und besonders die ‹gnädigen Herren› monatelang in Atem gehalten hatte. Die sogenannten 1691er-Wirren waren vielschichtig und hatten eine längere Vorgeschichte.

In der zweiten Hälfte des 17. Jahrhunderts hatte sich die Stadtrepublik in eine Oligarchie verwandelt, in der zwei rivalisierende Familien, die Socin und die Burckhardt, die Fäden in der Hand hielten. Sie beeinflussten Wahlen und verhalfen ihren Günstlingen zu einflussreichen und einträglichen Positionen. Äusserst beliebt waren die sogenannten Schaffneien, die Verwaltung der verschiedenen Kirchen- und Klostergüter. Sie wurden zur persönlichen Bereicherung missbraucht. Jahrzehntelange Misswirtschaft führte beinahe zum finanziellen Kollaps der protestantischen Staatskirche, was die Geistlichkeit auf den Plan rief. Unter der Führung von Antistes Peter Werenfels

(1627–1703) predigten sie gegen Korruption und ‹Dorophragie› (‹Ämter- und Geschenkefresserei›). 1688 änderte der Rat den Wahlmodus und führte einen neuen Amtseid ein. Jeder Ratsherr musste schwören, weder durch Worte noch Geschenke beeinflusst zu sein, was allerdings die Korruption nicht stoppte. Nun wandten sich die Geistlichen gegen Meineid und der Konflikt schwelte weiter.

Der allgemeine Missmut vergrösserte sich im Sommer 1690 zusätzlich wegen einer Teuerung des Kornpreises und wegen des Ausbaus der Festung Hüningen durch die Franzosen. Nun verlangte der Grosse Rat ein Mitbestimmungsrecht. Die Bemühungen waren erfolgreich, weil sich inzwischen eine weitere Kraft eingeschaltet hatte: die breite Zunftgemeinde. Die Zunftbrüder und Mitglieder der Vorstadtgesellschaften wählten eigene Ausschüsse. Diese Basisbewegung wurde von Dr. Johannes Fatio, einem Mediziner, angeführt.

Am 24. März 1691 kam es zum offenen Aufstand. Die Ausschüsse belagerten das Rathaus und verlangten den Ausschluss von 29 ‹meineidigen› Mitgliedern beider Räte. Eingeschüchtert gab der Rat nach. Dem ‹Küchleintag› (die Belagerer hatten sich im Ratskeller genüsslich mit Leckereien vollgestopft) folgte eine Prozesswelle. Hatte zu Beginn des Aufruhrs vor allem der Socin-Clan gelitten, richtete sich das Augenmerk nun auf die Burckhardt-Partei. Und alle Finger zeigten auf eine Frau.

Salome Burckhardt-Schönauer (1640–1691) war die Frau des Oberstzunftmeisters Christoph Burckhardt. In ihrer Hand liefen die Fäden des Burckhardt-Clans zusammen. Sie hatte ihre Kinder mit den ‹richtigen› Leuten verkuppelt und die Basler Politik mit kleinen Versprechen hier, kleinen Geschenken dort jahrelang beeinflusst. Nun war sie der perfekte Sündenbock. Sie wurde zu einer hohen Geldstrafe und zu Hausarrest verurteilt. Sie starb als gebrochene Frau, noch bevor die Krise vorüber war. Ihr Mann wandte sich öffentlich gegen sie und gab vor, von den Machenschaften nichts gewusst zu haben. Das Erstaunlichste ist, dass man ihm glaubte. Er überstand die Wirren schadlos.

Im Juli sah es so aus, als ob die Basisbewegung von Erfolg gekrönt sei. Der Rat war gesäubert, die Macht der Socin und Burckhardt gebrochen und Johannes Fatio präsentierte eine neue Verfassung, welche die Regierung akzeptieren musste. Mittlerweile aber hatten die verstossenen Räte bei der Eidgenossenschaft Unterstützung gesucht. Deren Delegierte lehnten Fatios Verfassung ab und bestanden auf ihre Vermittlerrolle. Der Zusammenhalt der Ausschüsse begann zu bröckeln. Dabei spielten die Kleinbasler Ehrengesellschaften eine zentrale Rolle. Sie begrüssten die Mediation der Eidgenossenschaft und setzten sogar Fatio gefangen. Nachdem ein dilettantischer Befreiungsversuch der Ausschüsse gescheitert war, liess Bürgermeister Abel Socin die Stadt durch landschaftliche Truppen besetzen. Innerhalb kürzester Zeit wurden Fatio und zwei seiner Mitstreiter gefoltert, verurteilt und hingerichtet.

Die neue Verfassung wurde annulliert und die verstossenen Räte kehrten in Amt und Würden zurück. Dennoch hatten die 1691er-Wirren langfristige Auswirkungen:

Die Verwaltung der Kirchengüter wurde reorganisiert und der Grosse Rat konnte seinen Einfluss ausbauen. Er wurde, zumindest auf dem Papier, zur höchsten politischen Instanz. Doch alles in allem hatten ‹Unsere Gnädigen Herren› triumphiert. Das Opfer der Salome Burckhardt-Schönauer und ihrer Helferinnen war ihnen im Nachhinein dienlich: Schuld an den Wirren, liessen sie Zeitgenossen (und Generationen von Historikern) glauben, sei einzig das ‹Weiberregiment› gewesen. Mit anderen Worten: Das System war in Ordnung, es war nur von anmassenden Weibsbildern missbraucht worden.

SEIDENBÄNDER

Dass heute der grösste Teil unserer Kleider und sonstiger Gebrauchsgegenstände am anderen Ende der Welt hergestellt wird, nehmen wir kaum noch zur Kenntnis. Wir freuen uns über sogenannte ‹Schnäppchen› (was für ein hässliches Wort) und fragen lieber nicht, unter welchen Bedingungen sie entstanden sind. Die Idee, dort zu produzieren, wo Arbeitskräfte billig und die Gesetze vorteilhaft sind, ist keineswegs neu. In Europa gab es das (im Ansatz) schon im späten Mittelalter. Grosskaufleute, die in den Städten durch Zunftverordnungen stark eingeschränkt waren, verlegten die Produktion aufs Land. Sie kauften Rohstoffe in grossen Mengen auf dem internationalen Markt und übergaben sie Heimarbeitern, die ihnen das fertige Erzeugnis ablieferten. Im 17. Jahrhundert begann das Verlagswesen, wie diese Form der Produktion genannt wird, die europäische Wirtschaft zu transformieren. Insbesondere die Hugenotten, französische Glaubensflüchtlinge, brachten es in die Schweiz. Es führte unter anderem zum Aufstieg der Uhrenindustrie in Genf und der Seidenbandindustrie in Basel.

Für die ländlichen Untertanen Basels war es ein Segen. Bislang hatten sie sich mehr schlecht als recht mit Landwirtschaft durchschlagen müssen. An den nördlichen Schatthängen des Jura war dies schon immer schwierig gewesen. Zudem war die Bevölkerung im Lauf des 16. Jahrhunderts kontinuierlich gewachsen und das Land durch Erbteilung aufgesplittert. Gegen Ende des Jahrhunderts hatte eine drastische Klimaverschlechterung, die ‹kleine Eiszeit›, die Erträge schrumpfen lassen. Für die verarmten Bauern gab es wenig Alternativen zum Hungertod: Knechtschaft, fremder Kriegsdienst oder Emigration. Nun konnten sie als Heimarbeiter für die Seidenbandherren ein Auskommen finden. Allerdings begaben sie sich in völlige Abhängigkeit vom ‹Fabrikanten›, in dessen Besitz Rohstoff und Produktionsmittel, also Seide und Webstuhl, waren. Stagnierte der Handel, traf es die Posamenter im Baselbiet als Erste.

Die Weber in der Stadt waren weniger begeistert. Das gesamte 17. Jahrhundert hindurch bekämpften sie die ländliche Konkurrenz – ohne Erfolg. Anfangs hatten sie davon profitiert, dass die Posamenterei (von frz. ‹passementerie›, dem Weben von Bändern und Borten) für Basel neu und damit zunächst keinem Zunftzwang unterworfen war. Dies hatte schnell zu einem Wildwuchs des Gewerbes geführt, das Glaubensflüchtlinge wie Peter Serwouter aus den Niederlanden (1570) und Antoine Lescailles aus Lothringen (1577) nach Basel gebracht hatten. Das konnte in der von Zünften dominierten Stadt nicht lange dauern.

In einer Reihe von Gesetzen wurde zwischen 1604 und 1612 das Gewerbe reguliert. Die Bandweber, die das Bürgerrecht erhielten, traten der Weberzunft bei, die anderen mussten die Stadt verlassen. Einige liessen sich im ländlichen Untertanengebiet nieder. Sie verfügten über die Erfahrung, auf die sich die französischen Hugenotten zum Ausbau des Verlagswesens stützen konnten.

Die Basler Seidenbandindustrie blühte, aber es gab noch keine Anzeichen, dass sie einst den europäischen Markt beherrschen würde. Doch 1667 gelang es dem Basler Emanuel Hoffmann, einen neuen Kunststuhl aus den Niederlanden zu schmuggeln (wie er das tat, ist leider nicht überliefert; immerhin ist ein solcher Webstuhl ziemlich voluminös). Mit einer ‹Bändelmühle› war es möglich, mehrere Bänder (normalerweise 16) gleichzeitig zu weben. Bald zierten die Kunststühle die Häuser der Baselbieter Posamenter (oder versperrten den einzigen grösseren Raum, den sie hatten). Erneut protestierten die Meister in der Stadt energisch. Sie wussten, dass die Bändelmühle ihrem Handwerk über kurz oder lang den Todesstoss versetzen würde. Doch anders als in den meisten europäischen Städten verbot der Basler Rat den Kunststuhl nicht. Er ergriff sogar Massnahmen, die neue Technologie zu schützen: Als der deutsche Kaiser den Import von ‹künstlichen› Bändern verbot, intervenierte der Rat erfolgreich; er verbot auch Kunststuhlschreinern und -webern auszuwandern.

In der Folge überschwemmten billige Seidenbänder aus Basel den Markt. Den Seidenbandherren gelang es, in Deutschland die Konkurrenten aus Lyon und St-Etienne zu verdrängen und ein Monopol in Nord- und Osteuropa zu etablieren, das zweihundert Jahre anhielt. Sie häuften immense Vermögen an, die sie wiederum in Rohseide (über Zürcher Händler aus Italien importiert) investierten. Doch waren sie auch anderen Geschäften nicht abgeneigt, etwa dem Bankwesen oder dem transatlantischen Sklavenhandel. Letzteres ist ein heikles Thema, das von Historikern erst in den letzten Jahren zaghaft angegangen worden ist.

WEISSES UND BLAUES HAUS

In Basel finden Liebhaber der Architektur viel Gotik, aber kaum Renaissance. Im 16. und 17. Jahrhundert zogen es die reichen Basler vor, ihre gotischen Häuser mit gemalter Renaissance-Architektur zu verzieren (das sah nett aus und war billiger). Im 18. Jahrhundert jedoch errichteten die neuen städtischen Eliten prachtvolle Barockpaläste. Die beiden eindrücklichsten stehen am Rheinsprung.

Das Weisse und das Blaue Haus, wie sie bescheiden genannt werden (ihre richtigen Namen, Wendelstörfer- und Reichensteinerhof, kennt kaum jemand), wurden zwischen 1761 und 1775 vom Basler Architekten Samuel Werenfels (1720–1800) gebaut. Auftraggeber waren zwei Brüder, Lukas und Jakob Sarasin. Die beiden waren Inhaber eines bedeutenden Seidenbandgeschäftes.

Aufsteiger kann man sie nicht nennen. Schon ihr Vorfahre Gedeon, ein Hugenotte, der 1626 das Basler Bürgerrecht erhielt, war vermögend. Die Familie engagierte sich im Verlagswesen und wurde immer reicher. Nun wollten die beiden Brüder ihrem gesellschaftlichen und wirtschaftlichen Status auch mit repräsentativer Architektur Ausdruck verleihen. Die Flügelbauten im Hof waren dem Geschäft vorbehalten. In den oberen Stockwerken des rheinseitigen Vorderhauses lebte die Familie. Die Säle im Erdgeschoss und im ersten Stock dienten der Repräsentation. Hier empfingen und unterhielten die Hausherren die Basler Elite und illustre auswärtige Gäste. Als 1813 der russische Zar, der österreichische Kaiser und der preussische König in Basel zusammentrafen, gab es keinen würdigeren Ort, sie zu empfangen, als das unbestrittene Zentrum der besseren Gesellschaft. Bis heute dominieren die beiden Paläste die Silhouette der Altstadt hoch über dem Rhein.

DAS ZEITALTER DER VERNUNFT

Gegen Ende des 17. Jahrhunderts begannen sich Philosophie und Wissenschaft in Europa grundlegend zu wandeln. Bis dahin hatte einzig die Religion die Antworten zu den fundamentalen Lebensfragen geliefert. Jetzt wurde erstmals die Erkenntnis höher gewichtet als das Dogma. Mit «ich denke, also bin ich» formulierte Descartes das Motto der Epoche. Ausgelöst von Wissenschaftlern wie Isaac Newton hatte das Zeitalter der Vernunft (oder der Aufklärung) begonnen. Es ging schnell über die Revolution der Naturwissenschaften hinaus. Hinterfragt wurden nicht nur die Gesetze der Natur, sondern auch diejenigen der Gesellschaft: War Herrschaft wirklich gottgegeben? War es ‹natürlich›, dass eine Klasse der anderen dienen musste? Aufgeklärte Philosophen forderten Reformen der Gesellschaft und der Politik. Ihre Gedanken und Schriften beeinflussten (oder ermöglichten) die amerikanische ‹Bill of Rights› (1791) oder die Erklärung der Menschenrechte (1789), das wichtigste Dokument der Französischen Revolution.

Epitaph des Jakob Bernoulli im Münster-Kreuzgang

Die Mathematik war der Schlüssel zur neuen, rationalen Welt. Hier zeichneten sich Basler Gelehrte aus. Besonders bei der Familie Bernoulli schien mathematisches Genie erblich. Angefangen mit den Brüdern Jakob (1654–1705) und Johann (1667–1748) brachten die Bernoullis insgesamt neun herausragende Mathematiker und Physiker hervor, die wesentlich zur wissenschaftlichen Revolution beitrugen. Über ein Jahrhundert lang besetzten sie den Lehrstuhl für Mathematik an der Basler Universität, so dass ein weiteres Basler Genie, Leonhard Euler (1707–1783), nach St. Petersburg ausweichen musste.

Doch waren Euler und die Bernoullis grosse Ausnahmen. Künste und Wissenschaften darbten, die Universität war tief gefallen. Im gesamten 18. Jahrhundert waren nie mehr als hundert Studenten eingeschrieben. Die Professoren entstammten alteingesessenen Familien. Selten handelte es sich um deren brillanteste Söhne, denn diese waren dazu auserkoren, das Handelshaus ihres Vaters zu übernehmen. Nicht nur das akademische, sondern das gesamte kulturelle Leben der Stadt wird von Besuchern als verstaubt und provinziell beschrieben. Mehr als einmal ist zu lesen, dass sich das Interesse der Basler darin erschöpfe, möglichst viel Geld zu verdienen. Und doch überwanden die Ideen der Aufklärung langsam aber sicher den doppelten Mauerring Basels.

ISAAK ISELIN UND DIE GGG

Einer der prominentesten Schweizer Aufklärer war Isaak Iselin (1728–1782), Philanthrop, Schriftsteller und Ratsschreiber der Stadt Basel. Seine umfangreichen philosophischen, historischen und erzieherischen Schriften sind heute in Vergessenheit geraten. Bekannt ist er vor allem als Gründer der ‹Gesellschaft zur Aufmunterung und Beförderung des Guten und Gemeinnützigen›, kurz GGG. Gesellschaften waren die bevorzugte Organisationsform der Zeit. In ihnen trafen sich Wissenschaftler, Philosophen und Gesellschaftsreformer zum gegenseitigen Gedankenaustausch. Einige waren rein wissenschaftlicher (etwa die Royal Society in England), andere in erster Linie geselliger Natur (zum Beispiel die Freimaurer). Diese Gesellschaften waren die eigentlichen Träger der sozialen und politischen Reformen.

1761 war Iselin Mitgründer der Helvetischen Gesellschaft. Sie verfolgte ‹patriotische› Ziele und sollte die aufgeklärten Geister der gesamten Schweiz zusammenführen. Das war neu: Über zweihundert Jahre zuvor hatte die Reformation die Eidgenossenschaft tief gespalten, und die Wunde war noch immer nicht geheilt. Für die Aufklärer war Patriotismus ein Mittel, konfessionelle und soziale Schranken zu überwinden.

Die GGG, die Iselin 1777 gründete, diente einem völlig anderen Zweck. Ihr Ziel war die allgemeine Wohlfahrt, die von den gnädigen Herren des Ancien Régime sträflich vernachlässigt wurde. In ihrer langen Geschichte hat sich die GGG in sozialem Wohnungsbau oder der Schulung

Karl Alfred Lanz, Isaak-Iselin-Denkmal, 1891

von Behinderten engagiert, sie gründete eine Sparkasse und eine Lebensversicherung und vieles mehr. Bis heute ist sie die wichtigste Wohltätigkeitsorganisation der Stadt. Ihr Hauptaugenmerk richtete sie auf die Erziehung, denn Bildung sollte den Menschen frei machen. Die Aufklärung war ja auch eine Bewegung mit ausgesprochen pädagogischen Zielen. Isaak Iselin war eng mit Heinrich Pestalozzi (1746–1827), dem grossen Schulreformer, befreundet und regte diesen zum Verfassen von dessen Hauptwerk, ‹Lienhard und Gertrud›, an. Die GGG engagierte sich für Mädchen- und Armenschulen, förderte erstmals in Basel den Schulsport, bot unentgeltliche Kindergärten an und eröffnete die nach wie vor beliebten öffentlichen Bibliotheken.

REVOLUTIONEN
1798 – 1833

ENTRÉE DU GÉNÉRAL BUONAPARTE DANS
le 24 Novembre 1797 arrivant d'Italie pour se rendre au
Publié par Chr: de Mechel, et se trouve chez lui

a. Deux Courriers du Général b. les Chasseurs à cheval de la Compagnie franche qui étoient allé à sa rencontre ju...
qui avoient été à la frontière du Canton pour le complimenter; ce Carosse étoit précédé par deux Courriers
à chaque portière un de ses Hussards à cheval; il avoit à coté de lui un de ses Adjudants et deux autres sur
quatre personnes de la suite du Général; ce carosse étoit suivi d'une Chaise de poste dans laquelle étoient deux Hussa...

Ludwig Friedrich Kaiser, ‹Entrée du général Buonaparte dans la ville de Basle›, 1797

REVOLUTIONEN
1798 – 1833

Locker und entspannt werden die gnädigen Herren, die sich am 24. November 1797 im Hotel Drei Könige zu einem offiziellen Empfang versammelt hatten, nicht gewesen sein. Ihnen gegenüber sass ein junger Mann von kaum 28 Jahren, dessen kometenhafter Aufstieg in aller Munde war: Napoleon Bonaparte. Eben erst hatte er in Italien die österreichische Armee geschlagen und so den ersten Koalitionskrieg (1792–1797) siegreich beendet. Die Hoffnung der europäischen Aristokratie war dahin: Die Französische Republik mit ihren Idealen von Gleichheit und Brüderlichkeit war mehr als nur eine lästige Episode.

Mehr denn je spürte Basel den mächtigen Nachbarn im Nacken. Französische Truppen standen nicht nur im Norden und Westen, sondern auch im Süden der Stadt: Das Fürstbistum Basel im Jura war während des Krieges untergegangen und der Französischen Republik einverleibt worden. In Liestal war Napoleon von den Untertanen begeistert empfangen worden. Kein Wunder, dass die konservativen Mitglieder des Rates nervös waren. Mindestens einer aber freute sich: Neben Napoleon sass strahlend der Oberstzunftmeister Peter Ochs (1752–1821). Der erfahrene Jurist, Diplomat und Historiker war Anführer der ‹Patrioten›, wie sich die Republikaner und Anhänger der Revolution nannten. Doch nicht einmal er konnte ahnen, dass keine zwei Monate später das Ancien Régime weggefegt und ein Freiheitsbaum auf dem Münsterplatz errichtet würde. Er erfuhr lediglich, dass im Dezember seine Anwesenheit in Paris erwünscht sei.

Ludwig Friedrich Kaiser, ‹Feyerliche Pflanzung des Freiheits-Baums auf dem Münster-Platz zu Basel›, 1798

IM SCHATTEN NAPOLEONS

Die Revolution von 1798 wird es wohl nie ins Kino schaffen. Es gab dafür viel zu wenig ‹action›: keine Massendemonstrationen, keine Strassenkämpfe, kein Blutbad. Einzig drei Landvogteischlösser, verhasste Symbole der Unterdrückung, gingen in Flammen auf. Doch auch hier ging es schon fast gesittet zu: Die Bewohner wurden gewarnt und mussten nicht Hals über Kopf fliehen. Auch der verhasste Landvogt Hagenbach verliess sein Schloss nicht, wie ein verbreiteter Mythos besagt, in einem Tragkorb, sondern auf dem Rücken seines Pferdes. Zweck der Aktion war es, eidgenössischen Truppen mögliche Stützpunkte zu zerstören, falls sie sich einmischen sollten.

Was Basel erlebte, war eine Revolution von oben mit etwas Druck von unten. Die städtischen Patrioten um Peter Ochs waren Mitglieder einer aufgeklärten Oberschicht. Von ihren Anliegen hatten sie bislang einzig die Abschaffung der Leibeigenschaft 1791 durchgesetzt. Zu ihnen gesellten sich die fortschrittlichen Kräfte im ländlichen Untertanengebiet, insbesondere im Städtchen Liestal. Entscheidend aber war der Druck Frankreichs.

Als Peter Ochs im Dezember in Paris eintraf, wurde ihm zu verstehen gegeben, dass Napoleon gewillt war, der Eidgenossenschaft eine Revolution aufzuzwingen. Dies hatte er schon in den Niederlanden (Batavische Republik) und in Norditalien (Cisalpinische Republik) getan. Sofort alarmierte Ochs seine Gesinnungsgenossen in der Heimat. Doch als sein Schwager Peter Vischer in einer Ratssitzung die Gleichheit aller Bürger forderte, wurde er von einer empörten Mehrheit der konservativen Ratsmitglieder niedergeschrien. Nun regten sich die Patrioten auf der Landschaft. Sie stellten einen Forderungskatalog auf (die sogenannten ‹Vier Punkte von Liestal›), für den sie die Unterstützung aller Gemeinden gewannen. Dadurch verfing die bewährte Taktik der Obrigkeit im Umgang mit ländlichen Revolten nicht, nämlich Zwietracht zu säen und dann die Rädelsführer herauszupicken und abzustrafen. Als das erste Schloss brannte, gab der Rat nach: Den ländlichen Untertanen wurden Freiheit und eine angemessene Vertretung im Rat zugesagt.

Dem Sieg der Patrioten folgte eine Reihe symbolischer Handlungen. Am 22. Januar 1798 wurde auf dem Münsterplatz anlässlich eines grossen Verbrüderungsfestes der Freiheitsbaum errichtet, die altertümliche Amtstracht der Räte (spitzer Baslerhut und Halskrause) verschwand und die ‹Basler Zeit› wurde abgeschafft. Bis dahin waren die Uhren der Stadt stets eine Stunde vorgegangen. Der Legende nach hatte ein mittelalterlicher Wächter durch das Verstellen der Uhr eine Verschwörung verhindert. Später wurde die Basler Zeit vor allem als Symbol dafür gesehen, dass die Stadt ihren Untertanen auf der Landschaft immer ein Stück voraus sei.

PETER OCHS UND DIE HELVETISCHE REPUBLIK

Im Mai 1818 bat Eduard Ochs den Rat um die Erlaubnis, sich fortan His nennen zu dürfen (nach der Familie seiner Grossmutter väterlicherseits). Ein Jahr später tat es ihm sein Bruder Friedrich gleich. Beide wollten den Namen ihres Vaters nicht mehr länger tragen.

Die Geschichte hat es mit Peter Ochs, dem Verfasser der ersten demokratischen Verfassung der Schweiz, nicht gut gemeint. Für seine Zeitgenossen war er ein Verräter, der das Land den Franzosen ausgeliefert habe. Und natürlich war er der Sündenbock für alle Irrungen und Wirrungen der kurzlebigen und chaotischen Helvetischen Republik. Sogar heutige Historiker vergessen in ihrer Beurteilung zuweilen Talleyrands brillante Definition, dass Hochverrat eine Frage des Datums ist.

Die republikanische Verfassung wurde schon bald als ‹Ochsenbüchlein› verhöhnt. Den Auftrag dazu erhielt Peter Ochs in Paris und nicht, wie immer wieder behauptet wird, anlässlich Napoleons Aufenthalt in Basel. Ochs sass noch immer in der französischen Hauptstadt an der Arbeit, als in der Schweiz ein Kanton nach dem anderen wie Basel friedlich revolutioniert wurde. Zu den wenigen Ausnahmen gehörte der mächtigste und reichste von allen: Bern. Jetzt liess Napoleon die Muskeln spielen. Seine Truppen marschierten ein und am 5. März 1798 wurde die Stadt gestürmt und geplündert. Deutlicher hätte der Korse kaum demonstrieren können, dass es ihm nicht um Ideale wie Gleichheit und Brüderlichkeit ging, sondern darum, einen Satellitenstaat zu schaffen, der als Puffer zwischen Frankreich und Österreich dienen sollte. Tatsächlich verwandelte sich das Gebiet der Eidgenossenschaft während des zweiten Koalitionskrieges (1799–1802) in ein Schlachtfeld.

Am 12. April 1798 rief Peter Ochs in Aarau feierlich die ‹eine und unteilbare Helvetische Republik› aus. Ihre Verfassung war stark derjenigen Frankreichs nachempfunden. Abgesehen vom chronischen Geldmangel, der die geplanten Reformen verhinderte, sollte dies der grösste Nachteil sein. Die strikte Zentralisierung nahm auf die traditionelle Eigenständigkeit der Kantone keinerlei Rücksicht. Von Beginn an lagen sich ‹Unitarier› und ‹Föderalisten› in den Haaren. In den vier Jahren ihrer Existenz erlebte die Republik nicht weniger als vier Staatsstreiche (dem ersten fiel nach nur einem Jahr Peter Ochs zum Opfer). Die Regierung, das sogenannte Direktorium, konnte sich nur deshalb halten, weil das Land ununterbrochen von französischen Truppen besetzt war (ihr Massaker in Nidwalden 1798 ist nach wie vor in schlechter Erinnerung). Napoleon aber wollte Stabilität. Zudem brauchte er seine Soldaten anderswo. Als er im August 1802 seine Truppen abzog, brachen überall Revolten aus, und die Helvetische Republik kollabierte innerhalb von nur zwei Monaten.

Heinrich Pfenninger, Peter Ochs, 1798

Manche Historiker neigen dazu, dies als flüchtige Episode der Schweizergeschichte abzutun. Die Verfassung enthielt aber alles, was von einer modernen Demokratie erwartet wird: Gewaltentrennung, Pressefreiheit, Redefreiheit, Religionsfreiheit und vieles mehr. Manche Ideen lebten im Geheimen weiter und flossen 1848 in die Verfassung des Bundesstaates ein. Darin bestand die Tragik des Peter Ochs: Er war seiner Zeit um ein halbes Jahrhundert voraus. Und er war vielleicht etwas naiv.

DIE MEDIATION (1803–1813)

Das letzte Mal traf Peter Ochs sein Idol im Februar 1803 in Paris. Nach dem Zusammenbruch der Helvetischen Republik hatte Napoleon Vertreter der eidgenössischen Kantone eingeladen, um das weitere Vorgehen zu besprechen. Viel zu diskutieren gab es nicht. Der ‹erste Konsul Frankreichs› diktierte ein Papier, das als ‹Mediationsakte› bekannt

ist. Am Ende des letzten Treffens soll sich Napoleon an den ehemaligen helvetischen Direktor gewandt und gesagt haben: «La révolution est fini, Monsieur Ochs.»
Die Szene ist frei erfunden, aber die Revolution war in der Tat vorbei. Die Mediationsakte nahm das meiste von dem zurück, wofür Ochs und die Patrioten gekämpft hatten, ausser dass es in der Schweiz keine Vorrechte des Ortes, der Geburt, der Person oder der Familie geben sollte. Jeder Kanton erhielt wieder eine eigene Verfassung und die alte Souveränität. Die völlige Abhängigkeit von Frankreich jedoch blieb bestehen. Die Eidgenossen wurden zu einer Offensiv-Allianz gezwungen: Für seine Feldzüge konnte Napoleon jederzeit bis zu 16 000 Soldaten rekrutieren. Zudem musste sich die Schweiz an Napoleons Wirtschaftskrieg gegen England, der sogenannten Kontinentalsperre, beteiligen.
Wie in den meisten anderen Kantonen gelangte auch in Basel die alte, konservative Elite wieder an die Macht. In den ersten allgemeinen Wahlen wurde Andreas Merian (1742–1811), der 1798 zurückgetreten war, zum Bürgermeister gewählt. Nur dank Stimmen aus der Landschaft schaffte es Peter Ochs in den Grossen Rat. Ihm wurde das Deputatenamt übertragen, die Aufsicht über Kirche und Schulen. Erziehung war das einzige Gebiet, in dem in den kommenden Jahrzehnten liberale Reformen toleriert wurden. Ochs engagierte sich für bessere Schulen in der Landschaft und für eine umfassende Reform der Universität. Dank ihm erwachte die alte Institution aus ihrem Dornröschenschlaf und zog in den 1820er-Jahren Dozenten mit internationalem Renommee an. Einige von ihnen standen im Ruf, Liberale zu sein, die an einer Regeneration (Wiedergeburt) revolutionärer Ideale arbeiteten. Doch das durfte Peter Ochs nicht mehr erleben. Er starb am 19. Juni 1821, nur einen Monat nach Napoleon Bonaparte.

Wirtschaftlich waren die Zeiten hart. Die Helvetische Republik und die französische Besatzung hatten die Staatskasse geleert. 1805 erhob der Rat von Kaufleuten und Fabrikanten eine doppelte Steuer, was von den Zünften begrüsst wurde. Diese waren, nach ihrer Abschaffung 1798, zu Beginn der Mediationszeit auferstanden. Auch sie litten unter den Folgen der Kontinentalsperre. Kolonialwaren gab es kaum noch, und Rohstoffe wurden knapp. Stark betroffen war insbesondere die Textilindustrie, was wiederum die Posamenter auf der Landschaft stark zu spüren bekamen. Arbeitslosigkeit und Hunger zwangen viele Menschen zur Emigration, meist nach Amerika, wo sie (und frustrierte Republikaner) auf ein besseres Leben in einem freien Land hofften. Ihnen folgten auch viele junge Männer, die so einer Rekrutierung für Napoleons Armeen entgingen.
Wie immer gab es auch solche, die profitierten. Insbesondere die Firma Merian Frères fand immer wieder neue Schlupflöcher, um die Kontinentalsperre zu umgehen. Die Brüder Jean-Jacques und Christoph Merian häuften ein immenses Vermögen an. Es wurde später zu Teilen an Christophs gleichnamigen Sohn (1800–1858) weitervererbt, der es zu seinem Lebensende in eine gemeinnützige Stiftung umwandelte (siehe S. 134).

DURCHMARSCH DER ALLIIERTEN

Trotz der Wirtschaftskrise bescherte die Mediation der Schweiz ein Jahrzehnt des Friedens und der Stabilität. Napoleon eilte von Sieg zu Sieg und die Kriegsschauplätze verlagerten sich weiter und weiter weg. Doch im kalten Winter 1812/13 sollte sich sein Glück wenden. Nach dem verheerenden Russlandfeldzug und der Niederlage in der Völkerschlacht bei Leipzig (1813) befanden sich die französischen Truppen auf dem Rückzug. Nun holten die Alliierten zum entscheidenden Schlag aus. Der Ort, an dem sie ihre Truppen zusammenziehen wollten, war Basel. Die Proteste der Eidgenossenschaft, die auf ihre Neutralität verwies, waren vergeblich, und die Truppe, die sie zum Schutz der Grenze aussandte, zog sich schnell wieder zurück. Am 21. Dezember 1813 überquerten die ersten alliierten Soldaten die Basler Rheinbrücke.

Es waren Tage des Staunens: Menschen, wie man sie hierzulande noch nie gesehen, Sprachen, die man noch nie gehört hatte ... Besonders die wilden Kosaken erregten ungeheures Aufsehen. Sie sollen zur Gründung der Basler Mission angeregt haben (tatsächlich wurden später die ersten Basler Missionare in den Kaukasus entsandt).

Es waren Tage des Glanzes: Im Januar trafen die Monarchen in Basel ein. Der russische Zar, der österreichische Kaiser und der preussische König wurden von der kleinstädtischen Elite hofiert.

Marsch der Alliierten über die Rheinbrücke, 1813/14

Es waren Tage des Elends: Bis Juni 1814 musste allein die Stadt mit ihren 16 000 Einwohnern 18 000 Soldaten unterbringen. Die enormen Kosten wurden nur zum Teil erstattet. Am schlimmsten aber war der Flecktyphus, den die Soldaten einschleppten. Er kostete achthundert Baslern das Leben.

DIE RESTAURATION

Nach der endgültigen Niederlage Napoleons bei Waterloo legte der Wiener Kongress (1815) Europas neue Grenzen fest. Sie erwiesen sich als erstaunlich stabil. Zudem gründeten Russland und Österreich die Heilige Allianz, der, wie die meisten europäischen Staaten, auch die Schweiz beitrat. Ziel dieser Allianz war es, in Europa ein reaktionäres System zu etablieren und revolutionäre oder liberale Ideen mit Gewalt zu unterdrücken. Das Bemühen, das ‹Ancien Régime› wiederherzustellen, hat der Ära zwischen 1815 und 1848 den Namen ‹Restauration› eingetragen. Gänzlich liess sich jedoch das Rad der Zeit aufgrund wirtschaftlicher und sozialer Veränderungen nicht zurückdrehen. Vielerorts kam es in den 1830er-Jahren zu einer Regeneration revolutionärer Ideen; und im turbulenten Jahr 1848 mussten viele europäische Monarchen abdanken oder sich demokratischen Prinzipien unterwerfen.

Die Schweiz erreichte beim Wiener Kongress die Anerkennung ihrer Unabhängigkeit und ihrer ‹ewigen Neutralität›. Die Landesgrenzen, die damals festgelegt wurden, bestehen noch heute. Auch die Kantonsgrenzen wurden neu gezogen. Bern erhielt als Kompensation für den Verlust des Aargaus und der Waadt den Löwenanteil des untergegangenen Fürstbistums Basel (mit der Gründung des Kantons Jura 1979 verlor es den französisch sprechenden Teil; 1994 trat das bernische Laufental dem Kanton Baselland bei). Das Birseck allerdings, der nördliche Zipfel des Fürstbistums, wurde Basel zugesprochen. Im Rückblick eine getrübte Freude, denn ausgerechnet von dort kamen die Anführer der Revolte, die 1833 zur Kantonstrennung führen sollte.

Eigentlich hatte die Restauration in Basel schon vor dem Wiener Kongress begonnen. Die alten Eliten waren bereits in der Mediationszeit wieder an die Macht gekommen. Nun wurden die reaktionären Tendenzen verstärkt. Langfristig konnte die Transformation der Gesellschaft, die Aufklärung und Revolution in Gang gesetzt hatten, dennoch nicht aufgehalten werden. Im 19. Jahrhundert erhielt Basel nicht weniger als achtmal eine neue Verfassung! Blicken wir kurz auf diejenige von 1814. Sie unterschied sich nur in einem, dafür wesentlichen Punkt von der Verfassung von 1803, nämlich der Vertretung der Landschaft. 1803 stellten die ländlichen Gemeinden 82 der 145 Grossräte. 1814 wurde das Verhältnis umgekehrt: Drei Fünftel der Grossräte waren Stadtbewohner. Diese, so hiess es, seien besser ausgebildet und zum Regieren geeigneter. Angesichts der Tatsache, dass die Landschaft eine doppelt so hohe Bevölkerungszahl wie die Stadt aufwies, erstaunt es nicht, dass diese Ungerechtigkeit den Trennungswirren der 1830er-Jahre zugrunde lag.

Die neue Ordnung war konservativ, aber bei Weitem nicht so reaktionär wie in anderen Schweizer Kantonen oder europäischen Staaten. In den 1820er-Jahren galt Basel gar als besonders revolutionär und gefährlich. Die Stadt hatte deutschen Dissidenten Asyl gegeben und liess sie, trotz Protesten Preussens und Berns, an der Universität lehren.
Wie überall gab es eine strenge Zensur. Lange blieben Zeitungen verboten (die erste, die ‹Baseler Zeitung›, erschien 1831). Dennoch gelang es dem liberalen Ökonomen Christoph Bernoulli 1822 ein Pamphlet zu veröffentlichen, in dem er das protektionistische Zunftsystem mit seinen negativen Folgen für die wirtschaftliche Entwicklung anprangerte. Sein Landhaus wurde daraufhin von Metzgerburschen mit Blut verschmiert und er verlor bei den nächsten Wahlen seinen Sitz im Rat. Doch lehrte er weiterhin an der Universität. Zu seinen Schülern gehörten zum Beispiel Carl Geigy, Benedikt La Roche oder Achilles Bischoff. Sie sollten nach 1850 die Basler Industrie transformieren.
Das Basler Strafgesetz von 1821 war eines der liberalsten in Europa, obschon es aus heutiger Sicht immer noch ziemlich streng erscheint. Der Pranger auf dem Marktplatz blieb bestehen und es kam nach wie vor zu öffentlichen Auspeitschungen. Auch die Todesstrafe wurde erst 1875 abgeschafft. Sie wurde jedoch nicht mehr angewandt: Die letzte öffentliche Hinrichtung (ein sehr beliebtes Spektakel für die Massen) erlebte

Hans Franck (?), Das Jüngste Gericht, Wandgemälde am Rathaus, um 1510

Basel 1819. Die Folter, die jahrhundertelang als legitimes Mittel zur Wahrheitsfindung gegolten hatte, war schon zur Zeit der Helvetischen Republik verboten worden und wurde nicht wieder eingeführt. Eine wesentlich offenere Haltung als andere nahm Basel auch gegenüber religiösen Minderheiten ein.

KATHOLIKEN, JUDEN UND PIETISTEN

Im Hof des Basler Rathauses befindet sich die Darstellung des Jüngsten Gerichts. Rechts sieht man das Höllenfeuer. Mittendrin sitzt niemand anders als Seine Heiligkeit, der Papst, dank seiner dreifachen Krone, der Tiara, leicht zu erkennen. Der Papst in der Hölle hatte die protestantischen Basler schon seit Jahrhunderten erfreut. Doch 1815 liess der Rat einen Maler kommen, um die Tiara zu entfernen. Weshalb?

Wie erwähnt erhielt Basel am Wiener Kongress das (katholische) Birseck zugesprochen. Im Vereinigungsvertrag wurde den Bewohnern die freie Ausübung der römisch-katholischen Religion garantiert. Zudem stellten diese Gemeinden Vertreter im Grossen Rat, die der Rat nicht brüskieren wollte. Deshalb liess er die Tiara übermalen.

Katholiken hatte es zwar schon zuvor (wieder) gegeben, sie genossen aber keine Bürgerrechte. Im späten 18. Jahrhundert wurde den Soldaten der eidgenössischen Grenzschutztruppen gestattet, in der Martinskirche die Messe zu zelebrieren. In der Zeit der Helvetischen Republik, die allen ihren Bürgern Religionsfreiheit und das Niederlassungs-

Die 1869 vollendete Synagoge an der Eulerstrasse

recht garantiert hatte, konnte sich eine kleine katholische Gemeinde etablieren. Ihr wurde 1803 die Clarakirche überlassen. ‹Propaganda› wurde aber verboten: Katholiken durften keine Prozessionen abhalten und in ihrer Kirche keine Bilder anbringen. Zudem musste einmal in der Woche ein protestantischer Gottesdienst abgehalten werden zum Zeichen, dass Basel nach wie vor eine protestantische Stadt war.

Dass den Katholiken eine Kleinbasler Kirche übergeben wurde, ist bezeichnend. Kleinbasel war traditionell ein Arbeiterviertel und die Katholiken gehörten der Unterschicht an. Das blieb auch so, als die Stadt im Verlauf des 19. Jahrhunderts rasant wuchs: Viele Fabrikarbeiter kamen aus ländlichen, katholischen Gegenden (Elsass, Baden). Die Clarakirche war bald einmal zu klein. Die römisch-katholische Kirche musste in den neu entstehenden Wohnquartieren neue Kirchen errichten.

Doch da sass der Papst schon wieder in der Hölle. An den Trennungswirren der 1830er-Jahre war ja das katholische Birseck massgeblich beteiligt gewesen. Vermutlich war es die Frustration, die den Rat dazu bewog, Seine Heiligkeit am Rathaus kurz nach 1840 wieder krönen zu lassen.

Mit der jüdischen Emanzipation haperte es zunächst. Zwar hatten sich schon gegen Ende des 18. Jahrhunderts Juden aus dem Elsass in Basel niedergelassen. 1805 beriefen sie einen Kantor und einen Schächter. Dies gilt als Gründungsjahr der ältesten noch bestehenden jüdischen Gemeinde der Schweiz. Sie war sehr klein. Zehn Jahre später

Im Volksmund auch als ‹Schwabenkaserne› bezeichnet: das Missionshaus von 1860

umfasste sie 35 Familien. Die Zahl nahm danach ab, weil der Rat einige dieser Familien aus der Stadt wies. Doch trotz der Repression überlebte die Gemeinde. 1847 erhielten in Basel geborene Juden das Niederlassungsrecht, zwei Jahre später eröffneten sie eine erste Synagoge am Heuberg. Aber erst 1875 wurde den Juden in Basel die Bürgerrechte und die Religionsfreiheit zugestanden. Doch sollte Basel eine wichtige Rolle in der modernen jüdischen Geschichte spielen. Hier fand 1897 der erste internationale Zionistenkongress statt. Er tagte im Stadtcasino. Damals notierte Theodor Herzl in sein Tagebuch die berühmten Worte: «In Basel habe ich den Judenstaat gegründet.»

Der Übername ‹frommes Basel› war nicht nett gemeint. Geprägt wurde der Begriff von den radikalen Kräften, die in den 1830er-Jahren in vielen Schweizer Kantonen die Macht übernommen hatten. Sie verspotteten damit nicht nur die Religiosität, sondern alles, was sie an dieser Stadt als rückständig und ‹aristokratisch› empfanden. Tatsächlich waren hier nicht nur die Staatskirche, sondern weite Teile der Elite von Pietismus und Erweckungsbewegung beeinflusst.

Der Pietismus war eine protestantische Reformbewegung, die zeitgleich mit der Aufklärung entstanden war. In gewisser Hinsicht sind die Bewegungen vergleichbar: Die Aufklärer wandten sich gegen ein versteinertes politisches und gesellschaftliches System, die Pietisten gegen eine protestantische Orthodoxie, die für sie gleichfalls versteinert und leer geworden war. Einige, wie beispielsweise die Methodisten in England, lebten die neue, verinnerlichte Form des Glaubens in Opposition zur Staatskirche. In Basel hingegen wurde der Pietismus integriert: Viele Pfarrer waren Pietisten oder schlossen sich der (jüngeren) Erweckungsbewegung an. Doch hatten die Pietisten eigene Organisationen: Sie gründeten – wie die Aufklärer – Gesellschaften. Die bedeutendste unter diesen war die nur drei Jahre nach der GGG gegründete ‹Deutsche Christentumsgesellschaft› (1780). Anfangs gab es durchaus Mitglieder, die in beiden Gesellschaften mitwirkten. Doch bald wurden die Gegensätze unüberbrückbar: Die liberalen Kräfte wurden radikaler, sie sympathisierten mit der Revolution und befürworteten eine Trennung von Kirche und Staat.

Pietisten bauten von Beginn an internationale Netzwerke auf. Das ‹deutsch› im Namen der Christentumsgesellschaft ist kein Zufall. Gerade die Basler Erweckungsbewegung war eng mit Deutschland, insbesondere mit Württemberg, verknüpft. Von dort stammten alle Sekretäre der Gesellschaft, auch Christian Friedrich Spittler (1782–1867), der emsigste und umtriebigste unter ihnen. Mit seinem Namen sind mindestens dreissig ‹gute Werke› (ein typischer pietistischer Ausdruck) verbunden. Das weitaus bedeutendste war die ‹Evangelische Missionsgesellschaft Basel› (Basler Mission), die Spittler 1815 mitbegründete.

Missionare wurden und werden manchmal belächelt und oft kritisiert. Tatsächlich sind ihre Selbstgerechtigkeit und ihr Gefühl der eigenen Überlegenheit (nicht nur der Religion, sondern auch der Rasse), die in einigen alten Berichten durchscheint, nur schwer zu verdauen. Doch lässt sich nicht bestreiten, dass die meisten überaus mutige Männer und Frauen waren. (Letztere wurden in Basel vom Komitee ausgesucht und zu den Missionaren, die sie nie zuvor gesehen hatten, geschickt, um ihnen als Ehefrauen zur Seite zu stehen – eine sehr eigenwillige Form der Partnervermittlung.) Oft gingen sie in völlig unbekannte Gebiete, ohne zu wissen, was sie dort erwartete. Nicht selten wurden sie erschlagen oder fielen einer Krankheit zum Opfer. Die Arbeit, die sie geleistet haben, verdient Respekt – egal, ob man Evangelisierung als Segen betrachtet oder nicht. Vielerorts gründeten sie die ersten Schulen und bauten Spitäler. Missionare waren auch unter denen, die sich ausdrücklich gegen den Sklavenhandel wandten.

Schon bald nach ihrer Gründung wurde die Basler Mission zu einer der weltweit bedeutendsten Einrichtungen ihrer Art. Die Missionare waren keineswegs Theologen, sondern Handwerker, die in Basel zunächst drei, später sechs Jahre lang ausgebildet wurden. Dazu gehörte nicht nur theologischer Unterricht, sie erwarben sich auch Fähigkeiten, die sie in ihren künftigen Einsatzgebieten brauchen konnten. Manche wurden zu Linguisten, die unbekannte Sprachen festhielten, andere zeichneten die ersten Karten ihres Missionsgebietes. Die Berichte, die sie regelmässig nach Basel schicken mussten, sind eine nahezu unerschöpfliche Quelle für anthropologische Studien. Von den 1880er-Jahren an wurde den Missionaren auch eine Fotokamera mitgegeben. Das Missionsarchiv, das seit 2001 von der ‹Mission 21› verwaltet wird, ist eines der weltweit bedeutendsten Archive für Fotografien des 19. Jahrhunderts. Heute kommen Menschen aus der ganzen Welt nach Basel, um hier die Geschichte ihres Landes zu studieren.

Ludwig Adam Kelterborn, ‹Die Theilung›, 1833

DIE KANTONSTRENNUNG

Jedes totalitäre System hat eine Schwachstelle: Die Gedanken lassen sich nicht kontrollieren. Wie sehr auch Zensur und Repression das Europa der Restauration in eisernem Griff hielten, die Freiheitsbäume der Revolution gerieten nicht in Vergessenheit. Da die freie Meinungsäusserung nicht möglich war, gründeten Europas Liberale scheinbar harmlose Turn- und Gesangsvereine sowie Burschenschaften, in denen die revolutionären Ideale fortlebten. Die Pariser Julirevolution von 1830 war schliesslich das Fanal zu Aufständen in verschiedenen europäischen Ländern. Nirgends war die ‹Regeneration› (Wiedergeburt) erfolgreicher als in der Schweiz.

Der Grund dafür war, dass dem föderalistischen Staatenbund eine starke Zentralgewalt fehlte. Die Tagsatzung, die jährlich Delegierte aus allen Kantonen zusammenführte, war zu schwach und zu wenig flexibel, um zu reagieren. Zudem schreckte sie traditionellerweise davor zurück, sich in interne Angelegenheiten der Kantone einzumischen. In der ganzen Schweiz beriefen die Radikalen (wie sich die Schweizer Liberalen nannten) Landsgemeinden ein und forderten ultimativ ein Ende der politischen Diskriminierung der ländlichen Bevölkerung. Ende 1831 hatten sie in vielen Schweizer Kantonen die Oberhand gewonnen. Die Regeneration sollte schliesslich 1848 zu einer neuen schweizerischen Verfassung und zur Gründung des modernen Bundesstaates führen. Der Basler Rat erkannte jedoch die Zeichen der Zeit nicht. Es sollte die Stadt teuer zu stehen kommen.

EIN DRAMA IN FÜNF AKTEN

Für einige Stadtbasler ist die Kantonstrennung von 1833 wie eine schlecht verheilte Wunde, die von Zeit zu Zeit schmerzt. Nach wie vor sind Berichte über die Ereignisse, die schon mehr als anderthalb Jahrhunderte zurückliegen, stark vom jeweiligen Betrachterstandpunkt geprägt. Wurde die ‹unsichtbare Mauer›, wie es ein Basler Bürgerrat 2007 formulierte, wirklich damals errichtet? Oder war sie schon da, und die Stadt verlor im Versuch, sie zu erhalten, ihr Hinterland? Wie auch immer – die 1830er-Wirren weisen sämtliche Charakteristika eines klassischen Dramas auf, und sollten vielleicht auch so erzählt werden. Beginnen wir mit den Hauptdarstellern:

Die Landschaft: angeführt von Stephan Gutzwiller (1802–1875), einem Anwalt aus Therwil und Mitglied des Grossen Rates. Er ist der Prototyp eines schweizerischen Radikalen: jung, intellektuell und mit ländlichen (oder kleinstädtischen) Wurzeln. Lange Zeit sind die Meinungen in der Landschaft geteilt. Namentlich die Posamenterdörfer im oberen Baselbiet bleiben der Stadt bis zuletzt treu.

Die Stadt: vertreten durch Bürgermeister und Rat. Zu Beginn ist sie nicht halb so konservativ und ‹aristokratisch›, wie es die radikale Schweizer Presse wahrhaben will. Doch mit der Eskalation nimmt die Engstirnigkeit zu, und es kommt zu einem bemerkenswerten Schulterschluss. Sogar eine so unorthodoxe und liberale Frau wie Anna Maria Preiswerk-Iselin (1758–1840), Isaak Iselins Tochter, schreibt, Gutzwiller sei ein «kriechender Hungerleider».

Die eidgenössische Tagsatzung: mit ihren Delegierten und Truppen. Schwach und wankelmütig kann sie die Eskalation nicht verhindern.

Erster Akt (Oktober 1830 bis Februar 1831)

18. Oktober 1830. Stephan Gutzwiller und seine Getreuen haben sich im (noch heute existierenden) Restaurant Bad Bubendorf versammelt. Zu Beginn des Treffens liest Gutzwiller die Freiheitsurkunde von 1798 vor. Die Männer unterzeichnen eine Petition. In ihr verlangen sie eine neue Verfassung und eine angemessene Vertretung der Landschaft im Rat.
Dagegen gibt es in der Stadt wenig einzuwenden. Ein Ausschuss beginnt damit, eine Verfassung zu entwerfen. Doch besteht man auf numerische Gleichheit (75/75) der ländlichen und städtischen Vertreter im Rat. Die Stadtbevölkerung, so wird argumentiert, mag zwar nur halb so gross sein, sie zahlt aber insgesamt doppelt so viel Steuern wie die Bewohner der Landschaft.
Die Radikalen sind empört. In einer Landsgemeinde in Liestal (7. Januar 1831) wählen die Delegierten der sechzig Gemeinden eine provisorische Regierung. Sie verlangen die Wahl eines Verfassungsrates und eine Zweidrittelmehrheit.

Nun ist es an den Städtern, empört zu sein. Das ist offene Rebellion! Erstmals taucht der Gedanke einer Trennung auf: Lasst den Bauern ihren Willen – sie werden früh genug auf den Knien zurückkriechen (eine langlebige Haltung: Manche Städter warteten auch Jahrzehnte später noch darauf). Der Rat hingegen schickt Soldaten. Am 16. Januar wird Liestal besetzt. Stephan Gutzwiller und die übrigen Mitglieder der provisorischen Regierung fliehen. Einen Monat später wird zur allseitigen Überraschung die neue Verfassung angenommen, auch in der Landschaft. Der Konflikt, so scheint es, ist vorüber.

Zweiter Akt (Juli 1831 bis September 1831)
Die Tagsatzung anerkennt Basels neue Verfassung. Zugleich ermahnt sie den Rat, die radikalen Anführer nicht allzu streng zu verfolgen. Doch Bürgermeister und Rat scheinen von den Geistern der ‹gnädigen Herren› getrieben. Insubordination gehört unnachgiebig bestraft! Vergeblich bitten auch die Baselbieter in einer Petition um Milde ihren Führern gegenüber. Der Rat bleibt stur, worauf am 13. August 1831 33 Vertreter der Landschaft aus dem Rat zurücktreten. Fünf Tage später kehren Gutzwiller und die provisorische Regierung aus dem Exil zurück. Der zweite Aufstand beginnt. Wieder lässt der Rat Liestal besetzen, doch diesmal kehrt keine Ruhe ein. Nach einer weiteren Landsgemeinde im September kommt es zu Übergriffen der Radikalen gegenüber stadttreuen Gemeinden. Erst den Truppen der Tagsatzung gelingt es, die provisorische Regierung zu verhaften und die Rebellion niederzuschlagen.

Dritter Akt (November 1831 bis März 1832)
Um die Sache ein für allemal zu erledigen, lässt der Rat in den ländlichen Gemeinden darüber abstimmen, ob sie bei der Stadt bleiben wollen oder nicht. Das Resultat ist überwältigend: 3865 Männer sagen Ja, nur 802 Nein. Ein Grund zur Zufriedenheit, sollte man meinen. Doch weit gefehlt. Die Radikalen haben zum Boykott aufgerufen und in einigen Gemeinden ist keine einzige Stimme abgegeben worden. Am 22. Februar beschliesst der Rat, 46 ‹unsichere› oder ‹abtrünnige› Gemeinden aus dem Kanton auszuschliessen. Soll sich die Tagsatzung um sie kümmern.
Was erwartet der Rat von diesem Schritt? Dass die Bauern jetzt reumütig zurückkrebsen? Oder dass die Tagsatzung, die bisher die Stadt unterstützt hat, die Rebellen zur Vernunft ruft? Da aber hat sich der Rat verschätzt. Das Kräfteverhältnis in der Eidgenossenschaft hat sich mittlerweile verschoben, und die Mehrzahl der Kantone hat eine radikale Regierung. Tatsächlich unterstützt die Tagsatzung den neuen Kanton Basel-Landschaft, der nach der Partialteilung am 17. März 1832 gegründet wird.

Vierter Akt (November 1832 bis Juli 1833)
Szenenwechsel. Basel ist dem konservativen ‹Sarnerbund› beigetreten. Viele Gemeinsamkeiten gibt es zwischen der protestantischen Handelsstadt und den katholischen

Urkantonen am lieblichen Vierwaldstättersee wahrlich nicht – ausser der antiliberalen Haltung. Und hat nicht Schwyz ein ähnliches Schicksal, nämlich eine Kantonstrennung, erlebt? Doch die Schwyzer planen einen Coup. Am 31. Juli 1833 marschieren sie in den neuen Kanton Ausserschwyz ein und erobern das einstige Untertanengebiet zurück.

Die Baselbieter Radikalen sind alarmiert. Ist dies eine Verschwörung der ‹Aristokraten›? Planen die Stadtbasler Ähnliches? Stephan Gutzwiller ruft zu den Waffen. Damit verbreitet er in den stadttreuen Gemeinden im Oberbaselbiet, besonders in Reigoldswil und Gelterkinden, Angst und Schrecken. Schon einmal, am 7. April 1833, ist Gelterkinden von Landmilizen geplündert worden. Nacht für Nacht brennen die Alarmfeuer auf den Höhenzügen. Sie können vom Münster aus gesehen werden.

Fünfter Akt (August 1833)

Der Rat beschliesst, den ‹bedrängten Brüdern› Hilfe zu senden. Achthundert Mann, teils Berufssoldaten, teils Milizen der Zünfte, marschieren am Morgen des 3. August los. Weit kommen sie nicht. In Pratteln fallen Schüsse aus einem Hinterhalt, worauf sie das Dorf anzünden. Gleich hinter Pratteln, an der Hülftenschanze, wartet der Hauptharst der Landschäftler auf sie. Die mangelhaft ausgebildeten und schlecht organisierten Städter befinden sich bald in panischer Flucht. Fünfundsechzig von ihnen kommen nicht mehr nach Hause.

Nun schreitet die Tagsatzung ein. Eidgenössische Truppen besetzen sowohl die Stadt als auch die Landschaft. Am 26. August wird die vollständige Trennung beschlossen. Nur die drei rechtsrheinischen Gemeinden Riehen, Bettingen und Kleinhüningen verbleiben bei der Stadt.

Epilog

Das Gefühl der städtischen Bürger, ungerecht behandelt worden zu sein, steigert sich noch während den dreijährigen Verhandlungen, an denen unter anderem über die Aufteilung des Kantonsvermögens entschieden wird. Jeder Entscheid des eidgenössischen Schiedsgerichts fällt zugunsten der Landschaft aus. Niemand in der Stadt kann verstehen, weshalb der Verteilschlüssel (ein Drittel für die Stadt, zwei Drittel für die Landschaft) auch auf den Münsterschatz oder die Universität angewandt werden soll. Deren Sammlungen und Liegenschaften werden geschätzt und müssen abgegolten werden. Die Institution überlebt nur dank grosszügiger privater Unterstützung.

Die Chancen auf eine Wiedervereinigung «aus freiem Willen», wie sie die Trennungsurkunde ausdrücklich festhält, sind sehr gering. In den ersten Jahren geben sich die beiden Halbkantone alle Mühe, einander zu ärgern. Die Stadt verbietet den Import von Waren aus dem Baselbiet. Sofort antwortet die Landschaft mit einem Einfuhrverbot für städtische Güter (sehr zum Gedeihen des Dorfes Birsfelden, dessen Einwohner sich nun auf Schmuggel spezialisieren).

Wirtschaftlich jedoch ist (und bleibt) die Landschaft von der Stadt abhängig, insbesondere von der Seidenbandindustrie, die von den Trennungswirren kaum berührt wird. Besonders in Krisenzeiten, wenn etwa der Absatz von Seidenbändern stockt, taucht auch die Frage der Wiedervereinigung auf. In einer Volksabstimmung 1936 stimmen beide Halbkantone einer Wiedervereinigung zu. Einwände des Bundes sowie der Ausbruch des Zweiten Weltkrieges verhindern jedoch zunächst die Ausarbeitung einer neuen Verfassung. Nach dem Zweiten Weltkrieg baut der Kanton Baselland seine Infrastruktur gewaltig aus, wodurch sich die Abhängigkeit von der Stadt reduziert. Als die neue Verfassung 1969 zur Abstimmung gelangt, wird sie in der Landschaft mit 60 Prozent der Stimmen verworfen. 1974 einigen sich die Halbkantone auf einen Partnerschaftsartikel.

Heute ist die Grenze ein Anachronismus. Die Menschen überqueren sie, ohne sie wahrzunehmen. Beinahe alles ist regional organisiert: die Post, Versicherungen, Medien, Grosshändler, Sportvereine. Die entsprechenden Körperschaften nennen sich entweder ‹Nordwestschweizer› (unter Einbezug von Teilen der Kantone Solothurn und Aargau) oder ‹beider Basel›. Nach wie vor ist die Stadt der wirtschaftliche und kulturelle Mittelpunkt und beklagt nicht zu Unrecht, dass der Kanton Baselland zu den Zentrumsleistungen zu wenig beiträgt. Das sind jene Momente, in denen die alte Wunde schmerzt.

MUSEUM AN DER AUGUSTINERGASSE

Dies ist mehr als ein Museum. Es ist das trotzige Signal einer Stadt, die sich nach den Ereignissen der 1830er-Jahre benachteiligt und isoliert fühlte. Was uns von den Bauern unterscheidet, so die Aussage, sind Wissenschaft und kulturelle Tradition.

Der Bau war so wichtig, dass ihn Mähly in seinen Plan (siehe S. 122) einbezog, bevor er überhaupt errichtet war. Seine Eröffnung

1849 wurde mit einem Festgottesdienst im Münster gefeiert, an dem sämtliche Mitglieder der Regierung, alle Professoren und Doktoren der Universität, die Pfarrer der protestantischen Kirche und die Lehrer der Stadt teilnahmen. Entworfen wurde der Bau von Melchior Berri (1801–1854), Basels führendem Architekten. Später wurde das Treppenhaus mit Fresken von Arnold Böcklin (1827–1901) geschmückt.

Der Bau erfüllte verschiedene Funktionen. Er beherbergte verschiedene kultur- und naturhistorische Sammlungen, unter denen das Amerbach-Kabinett die bedeutendste war. Diese typische Renaissancesammlung umfasste Bilder, Bücher, Münzen und allerlei ‹Kuriosa›. Die Stadt hatte sie 1661 gekauft und im Haus zur Mücke zugänglich gemacht (womit Basel eine der ältesten öffentlichen Kunstsammlungen der Welt besitzt). Daneben beherbergte der Museumsbau auch die Bibliothek der Universität und eine neue Aula. Das war ein wichtiges Lebenszeichen: Die älteste Hochschule der Schweiz war durch die Kantonstrennung vom Untergang bedroht gewesen. Jetzt war sie auferstanden und erlebte in der zweiten Jahrhunderthälfte mit Gelehrten wie Jakob Burckhardt, Johann Jakob Bachofen, Friedrich Nietzsche und anderen einen unvergleichlichen Höhenflug.

Den symbolischen Charakter des Museums unterstreicht der Fries von Johann Jakob Oechslin (1802–1873) hoch über dem Haupteingang. Auf sieben Feldern sind Allegorien der sieben *artes liberales* (des klassischen Bildungskanons) sowie die neun Musen (Schutzgöttinnen der Künste) dargestellt. Das mittlere Feld zeigt Basilea, die Personifikation der Stadtrepublik. Das Füllhorn in ihrem Arm symbolisiert ihren Reichtum. Zu ihrer Rechten (vom Betrachter aus links) steht Helvetia mit den Attributen der Freiheit (zum Beispiel der Jakobinermütze), zu ihrer Linken ‹Vater Rhein› mit einem Ruder und Merkur, der Gott des Handels. Hinter diesen beiden erinnert die Lokomotive an den 1845 eingeweihten Bahnhof.

In der schweren Zeit nach der Kantonstrennung und der Isolation innerhalb der Eidgenossenschaft präsentiert sich die Stadt nicht nur als Zentrum des Handels und der Industrie, sondern auch als Hort der Freiheit und der Kultur.

MIT VOLLDAMPF VORAUS
1833 – 1914

Johann Friedrich Mähly, Malerischer Plan der Stadt Basel, 1845, Druck von 1847

MIT VOLLDAMPF VORAUS
1833 – 1914

Der 1845 entstandene Vogelschauplan von Johann Friedrich Mähly ist ein faszinierendes Dokument. Vorlage war der über zweihundert Jahre ältere Merianplan (siehe S. 86). Auf den ersten Blick erstaunt es, wie wenig sich die Stadt verändert hat. Noch immer ist Basel von einem Mauerring umgeben, noch immer gibt es nur eine Brücke über den Rhein. Gut, einige Barockpaläste haben mittelalterliche Bauten ersetzt, aber sonst scheint die Zeit still gestanden zu sein. Etwas aber ist neu. Am rechten Bildrand ist zu erkennen, dass die Stadtmauer erweitert wurde, um einen Bahnhof zu umschliessen. Das Trojanische Pferd, sagten einige Zeitgenossen, sei in die Stadt gelassen worden. Tatsächlich war die Eisenbahn Bote einer neuen Zeit. Die Stadt begann sich in atemberaubender Geschwindigkeit zu verändern. Fabriken wurden gebaut, in denen dampfbetriebene Maschinen die Handarbeit ersetzten. Immer mehr Menschen strömten in die Stadt auf der Suche nach Arbeit. Am Ende des Jahrhunderts hatte sich die Bevölkerung vervierfacht. Die Mauern und Gräben waren verschwunden und vier Brücken überspannten den Fluss. Die Felder und Wege ausserhalb der Mauern verwandelten sich zu Wohnquartieren und Strassen.

Mählys Plan zeigt Basel unmittelbar vor dieser ungeheuren Umwälzung. Dessen war sich der Künstler bewusst, auch wenn er das Ausmass kaum ahnen konnte. Aber er hat auf dem Rhein ein Detail mit symbolischem Charakter eingefügt: Links erreicht ein Floss die Stadt. Rechts verlässt dieselbe ein Dampfschiff.

DAS RATSHERRENREGIMENT UND DIE STÄDTISCHE METAMORPHOSE

In die neue Zeit wurde Basel von einer Regierung geführt, die konservativer nicht sein konnte. Wie im Ancien Régime waren die Zünfte Träger des politischen Systems. Der Kleine Rat wurde nach wie vor von denselben ‹alten› Familien der Seidenbandherren und Bankiers dominiert. Das sogenannte ‹Ratsherrenregiment› konnte sich erstaunlich lange halten. Grund dafür war, dass sich in Basel, anders als in anderen Schweizer Kantonen, keine neue, ländliche Elite bilden konnte. Zudem war man seit den Trennungswirren liberalen Ideen gegenüber äusserst misstrauisch. Erst nach der Gründung des Bundesstaates 1848 musste Basel allen Schweizer Bürgern Wahl- und Niederlassungsrecht zugestehen. Das Wahlsystem war jedoch so kompliziert, dass viele von ihnen schon gar nicht teilnahmen.

Im Grossen Rat hatten die Handwerkszünfte ein grosses Gewicht. Der Horizont dieser ‹Mittelklasse› reichte selten über die Stadtmauern hinaus. Ängstlich um die Sicherung ihrer Privilegien bemüht, blockierten die Handwerkszünfte sämtliche Neuerungen so lange wie möglich. Bis 1848 sorgten sie dafür, dass das Bürgerrecht nur an Protestanten verliehen wurde. Bis 1875 gelang es ihnen, die Handelsfreiheit zu unterbinden.

Kleinstädtisch-konservativ war auch Basels Elite, zumindest was gesellschaftliche und politische Vorstellungen betrifft. Wirtschaftlich hingegen waren sie Global Player. Als solche erkannten zumindest einige von ihnen die Notwendigkeit von Reformen. In ihrem Ratschlag zum Gesetz zur Stadterweiterung schrieb die Regierung 1859: «Die Zeiten haben sich geändert; vermehrte Bevölkerung, zehnfach gesteigerter Verkehr und ganz umgestellte Industrieverhältnisse verlangen breitere, ebenere und bequemere Strassen und erheischen im Interesse öffentlicher Sicherheit und Salubrität tätigeres Einschreiten und Eingreifen des Staates in die Wohnungs- und Bauverhältnisse der Bürger und Anwohner.»

«UMGESTELLTE INDUSTRIEVERHÄLTNISSE»

Wer heute in dieser Stadt über Industrie spricht, denkt unwillkürlich an ‹die Chemische›, wie die Basler sagen. Deren Anfänge liegen im 19. Jahrhundert; damals waren die Werke aber verhältnismässig klein und produzierten vor allem synthetische Farbstoffe für die Textilindustrie. 1870 produzierten 28 von 64 Fabriken Seidenbänder und beschäftigten 78 Prozent aller Fabrikarbeiterinnen und Fabrikarbeiter. Seide hat Basel reich gemacht, und wenn die Stadt je ein neues Wappentier brauchen sollte, müsste die Wahl auf die Seidenraupe fallen.

Die Schweiz zählt zu den am frühesten industrialisierten Ländern auf dem europäischen Festland. Die Textilindustrie spielte dabei eine entscheidende Rolle. Für Europa war die Schweiz im frühen 19. Jahrhundert das, was asiatische Länder heute für den Weltmarkt sind. Hier waren die Löhne extrem niedrig, so dass niemand mit schweizerischen Preisen konkurrieren konnte. Zudem fehlte bis ins 20. Jahrhundert ein Patentrecht. Das erlaubte

Sarasinsche Bandfabrik, 1850/51 von Melchior Berri erbaut, dient heute als Jugendherberge

Schweizer Unternehmern, die Erfindungen anderer zu kopieren und weiterzuentwickeln. 1815 zum Beispiel führte der Basler Unternehmer Johann de Bary den in Frankreich erfundenen Jacquard-Webstuhl ein, der es erlaubte, komplizierte Muster vermittels eines Lochkartensystems zu weben (ein Urahne moderner Computer-Hardware). Aber auch die Neuerungen aus England, dem Mutterland der Industrialisierung, fielen auf fruchtbaren Boden.

Basels erste mechanische Fabrik wurde 1824 errichtet und diente zur Herstellung von Schappe, einem qualitativ minderwertigen Seidengarn. In der Seidenbandindustrie dauerte die Umstellung auf Maschinen etwas länger, da der grösste Teil der Bänder von Heimwerkern in der Landschaft gewoben wurde. Das änderte sich nach der Kantonstrennung 1833. Obwohl die Seidenbandherren weiterhin Posamenter im Baselbiet beschäftigten, investierten sie nun vorzugsweise in der Stadt. Sie liessen Fabriken bauen, in denen die neuesten technischen Errungenschaften zur Anwendung kamen. Franz Sarasin war 1836 der erste, der Dampfkraft nutzte, um seine Webstühle anzutreiben. Das Geschäft mit Seidenbändern florierte, und die Seidenbandherren konnten ihr Absatzgebiet auf Nordamerika ausweiten. Nach wie vor waren die Löhne niedrig, nicht zuletzt, weil (wie eine Erhebung von 1870 zeigt) sieben von zehn Arbeitskräften in den Seidenbandfabriken Frauen waren.

Unbekannter Künstler (Signatur G.L.), Der erste französische Bahnhof in Basel, 1847

Es ist natürlich Zufall, dass im selben Jahr, als der Rat von «umgestellten Industrieverhältnissen» sprach, eine neue Technologie Einzug hielt. Bislang war die Seide vor dem Weben mit natürlichen Farbstoffen gefärbt worden. Mitte der 1850er-Jahre hatten englische und deutsche Wissenschaftler herausgefunden, dass sich aus dem bei der Verkokung von Steinkohle anfallenden Teer synthetische Farbstoffe gewinnen liessen. In Lyon wurde auf dieser Grundlage der Farbstoff Fuchsin entwickelt. Das französische Patentrecht verhinderte eine Vermarktung ausserhalb Frankreichs. Auguste Clavel, ein aus Lyon stammender Basler Seidenfärber, konnte jedoch eine Lizenz erwerben. Der Standort Basel war in vielerlei Hinsicht geeignet. Der Rohstoff, Teer, konnte leicht aus dem deutschen Rheinland importiert werden, wo Steinkohle in grossen Mengen verkokt wurde. Dank der Seidenbandindustrie bestand eine konstante Nachfrage nach Farbstoffen. Zudem konnte der giftige Abfall einfach in den Rhein geschwemmt werden.

1859 begann Clavel mitten in Kleinbasel mit der Produktion von Anilinfarben. Er fand bald Nachahmer wie etwa den deutschen Chemiker Johann Jakob Müller. Die Bewohner des Quartiers litten häufig unter den stinkenden und giftigen Chemikalien. 1863 erkrankten sieben Personen in Müllers Nachbarhaus an einer Arsenvergiftung. Der anschliessende Gerichtsprozess ruinierte Müller. Er musste sein Geschäft an seinen früheren Arbeitgeber Johann Rudolf Geigy verkaufen, der wie Clavel gezwungen war, die Farbproduktion aus dem Wohngebiet hinaus zu verlagern. Clavel, aus dessen Unternehmen später die

CIBA (Gesellschaft für Chemische Industrie BAsel) hervorging, errichtete seine Fabrik zwischen dem damaligen Kleinbasel und dem Dorf Kleinhüningen. Auch auf der andern Seite des Rheins entstanden chemische Fabriken: 1862 das Unternehmen des Franzosen Jean-Gaspard Dollfuss (später Durand & Huguenin), 1886 die Firma Kern & Sandoz.

«ZEHNFACH GESTEIGERTER VERKEHR»

Wie gemächlich die ersten Eisenbahnen auch dahintuckerten – sie brachen doch sämtliche damaligen Geschwindigkeitsrekorde. Sie waren Motor und Symbol der industriellen Revolution. Die technischen Neuerungen steigerten die Produktion in ungeahntem Masse. Immer mehr Rohstoffe mussten so schnell wie möglich herangeschafft werden, immer mehr Endprodukte mussten zu immer weiter entfernten Märkten gebracht werden. Stephensons Dampflokomotive machte es möglich. Sie war jedoch nicht das erste moderne Transportmittel, das Basel erreichte.

1832 legte an der Schifflände das Dampfschiff ‹Stadt Frankfurt› an. Dass der erste Vorbote einer neuen Zeit auf dem Rhein nach Basel kam, ist passend, hatte doch der Fluss die Stadt jahrhundertelang mit der Welt verbunden. Aber es gab ein Problem. Der Rhein war noch nicht kanalisiert, und die Dampfschiffe hatten viel mehr Tiefgang als die alten Flösse und Schiffe. Immer wieder liefen sie auf Sandbänke auf. Deshalb war die regelmässige Schiffsverbindung zwischen Basel und Strassburg nur kurzlebig (1840–1843). Die Rheinschifffahrt verlor sehr bald das Rennen gegen die Eisenbahn. Sie sollte erst ein halbes Jahrhundert später wieder aufgenommen werden.

Es ist erstaunlich, wie spät ein so früh industrialisiertes Land wie die Schweiz ein eigenes Eisenbahnnetz erhielt. (Der Grund dafür ist der für dieses Land so typische ‹Kantönligeist›, der eine einheitliche Lösung lange Zeit verhinderte.) Der Bahnhof auf Mählys Plan war der erste auf Schweizer Boden überhaupt. Wie man sich vorstellen kann, hatte er vor seiner Errichtung für hitzige Diskussionen in der Stadt gesorgt. Fuhrleute fürchteten die Konkurrenz, Kirchenleute eine schleichende Unterwanderung aus dem katholischen Frankreich. Für viele war die Vorstellung, die Stadt öffnen zu müssen, äusserst beunruhigend. Sie wurden dadurch besänftigt, dass die Stadtmauer erweitert wurde und ein eigenes Eisenbahntor gebaut wurde, das nur für die ankommenden oder abfahrenden Züge geöffnet wurde. Am 15. Juni 1844 traf der erste Zug aus Strassburg in Basel ein. Endstation war eine provisorische Hütte vor den Stadtmauern. Erst anderthalb Jahre später konnte der neue Bahnhof eingeweiht werden, der nun innerhalb der Stadtmauern lag. (Er wurde zwanzig Jahre später durch das Gefängnis ‹Schällemätteli› ersetzt, das wiederum vor Kurzem abgerissen wurde, um Platz für das neue Kinderspital zu schaffen, das 2010 eröffnet werden soll.)

Während des Baus planten Basels Eisenbahnpioniere schon den nächsten Schritt: eine Zugverbindung von Basel nach Olten (mit Anschlüssen nach Zürich und Bern), von dort nach Luzern und weiter durch einen Tunnel nach Italien. Heute ist dies die Transitstrecke für Eisenbahn und Autobahn, doch damals scheiterte das Projekt am Widerstand der Zürcher. Die Centralbahngesellschaft konnte nur Teile des geplanten Netzes verwirklichen. Der Name des Bahnhofplatzes (Centralbahnplatz) erinnert jedoch an diese Pioniere. Der erste, provisorische Bahnhof der Centralbahn stand an der Engelgasse. 1860 wurde er durch einen neuen Bahnhof am heutigen Standort ersetzt. Hier konnte man die schweizerische und die französische Bahnlinie miteinander verbinden. Die Züge aus Frankreich wurden in einem grossen Bogen (entlang dem heutigen Spalen- und Steinenring) um die Stadt geleitet. Erst als die expandierende Stadt zu Beginn des 20. Jahrhunderts diesen Ring erreichte, verschwanden die Züge in Tunnels und Gräben.

Auch im Grossherzogtum Baden hatte man mittlerweile eine Eisenbahnlinie bis zur Schweizer Grenze errichtet. Einige Jahre endeten die Züge in Haltingen. 1855 wurde beim heutigen Messeplatz der erste Badische Bahnhof gebaut.

Obschon die Züge die Stadt umkreisten und zwei der drei Bahnhöfe 1859 ausserhalb der Mauern lagen, war der Verkehr im Innern stark betroffen. Bis zum Bau der Eisenbahnbrücke 1873 waren die Bahnhöfe nicht miteinander verbunden, so dass alle Transitgüter auf Fuhrwerken von einem zum anderen transportiert werden mussten. Besser gesagt: Sie mussten zunächst zur Zollstation im Kaufhaus neben der Barfüsserkirche gebracht werden. Dazu mussten die Fuhrwerke nicht nur die Stadttore passieren, sondern auch die engen, aus dem Mittelalter stammenden Gassen. Kein Wunder, dass allenthalben der Ruf nach breiteren und bequemeren Strassen erklang.

«VERMEHRTE BEVÖLKERUNG»

Im 19. Jahrhundert explodierten in ganz Europa die Bevölkerungszahlen. Verbesserungen in der Landwirtschaft und die zunehmende Bedeutung der Hygiene trugen das ihre dazu bei. Überall zogen Scharen von Menschen vom Land in die Städte, wo sie sich Arbeit und ein besseres Leben erhofften. Dies verlangte ein vermehrtes Eingreifen des Staates. Dazu benötigten die Regierungen verlässliche Daten. Sie zählten nicht nur die Köpfe, sondern interessierten sich zunehmend auch für die Lebensumstände der Menschen. Waren zuvor in Basel sehr sporadisch Volkszählungen durchgeführt worden, so geschah dies ab 1835 regelmässig. 1889 mussten die städtischen Beamten eine wahre Herkulesarbeit verrichten: Innerhalb von nur drei Wochen besuchten sie sämtliche Wohnungen in der Stadt, vermassen die Räume und notierten die Lebensverhältnisse. Diese Enquête ist heute eine unersetzliche (und oft schockierende) Quelle der Sozialgeschichte.

Überhaupt ist das 19. Jahrhundert ein Dorado für Sozialhistoriker. Erstmals verfügen sie über genaue Zahlen anstelle von (variierenden) Schätzungen. Wissenschaftliche Studien überquellen denn auch häufig mit Tabellen und Statistiken. Hier ist eine:

JAHR	EINWOHNERZAHL	JAHR	EINWOHNERZAHL
1835	21 219	**1870**	44 122
1850	27 313	**1888**	69 809
1860	38 915	**1900**	109 161

Diese Zahlen sind verblüffend, aber sie erzählen nur die halbe Wahrheit. Sie zeigen das Ergebnis des sogenannten Wanderungsgewinns (und, in geringerem Masse, des Geburtenüberschusses). Aber die hohe Mobilität der Arbeiterklasse wird daraus nicht ersichtlich. Neben dem breiten Menschenstrom in die Stadt gab es auch einen aus der Stadt heraus. Oft hielten sich die Menschen nur kurze Zeit hier auf, manche ein paar Monate, andere ein paar Jahre, und zogen dann weiter. Wieder andere kehrten als Saisonarbeiter immer wieder zurück. Sie mussten jedes Mal um eine neue Aufenthaltsbewilligung ersuchen.

Das Hauptproblem war, diese Massen unterzubringen. 1779 hatte Basel 2030 Häuser (bei einer Bevölkerung von 15 000). 1854 waren es doppelt so viele Menschen, die Zahl der Häuser hatte aber nur um 200 zugenommen. Die Menschen wurden in den engen mittelalterlichen Wohnungen zusammengepfercht. Nicht selten fanden die Inspektoren 1889 vier- bis fünfköpfige Familien, die auf einer Wohnfläche von 18 Quadratmetern hausten! Andere Häuser waren bis unters Dach mit Betten vollgestopft. Auch wenn nach 1860 überall neue Wohnbezirke entstanden, hatte die Stadt (und das Baugewerbe) lange Zeit die grösste Mühe, mit dem rasanten Bevölkerungsanstieg Schritt zu halten.

«SALUBRITÄT»

Die zum Teil miserablen Wohnverhältnisse bargen ein Risiko, dessen sich die Regierung durchaus bewusst war. 1855 wurde die Stadt von einer Choleraepidemie heimgesucht. Knapp zehn Jahre später starben viertausend Einwohner an Typhus.

Der Bericht des Cholera-Komitees von 1855 ist nichts für schwache Nerven. Bei der Lektüre hat man zuweilen das Gefühl, man könne den Gestank aus den Latrinen und Abfallgruben förmlich riechen. Nicht selten befanden sich Dolen in unmittelbarer Nähe zu Brunnen, von denen Menschen ihr Trinkwasser bezogen. Im Sommer führte der offene Birsigfluss kaum Wasser und verwandelte sich in eine stinkende Kloake. Die Mitglieder des Cholera-Komitees glaubten, die Krankheit würde sich durch schlechte Luft verbreiten. Da irrten sie zwar, aber die Massnahmen, die sie vorschlugen, waren richtig. Die Stadt übernahm die Strassenreinigung, die von den Hauseigentümern vernachlässigt worden war. 1857 trat ein neues Dolengesetz in Kraft. Allerdings sollte es über vierzig Jahre dauern, bis Basel über eine Kanalisation verfügte. Als weitere Massnahme empfahl das Komitee den Abbruch der mittelalterlichen Mauern, um der Stadt frische Luft zuzuführen.

DIE STADTERWEITERUNG

Im Vergleich zu anderen Schweizer Städten verlor Basel seinen mittelalterlichen Mauerring spät. Als in der Regenerationszeit in Zürich oder in Bern die Radikalen die Macht übernahmen, war es eines ihrer ersten Anliegen, die Mauern zu schleifen. Für die neue ländliche Elite war die Stadtbefestigung ein verhasstes Symbol für die Unterdrückung durch die städtische Obrigkeit. Vielleicht hielten die Basler gerade deshalb an ihrem Mauerring fest. Als 1860 mit dem Abbruch begonnen wurde, deuteten dies viele als eine Zeitenwende. Tatsächlich sollte aus der geschlossenen, selbstzufriedenen Kleinstadt eine offene und moderne Grossstadt werden.
Dagegen hatte sich vor allem der Mittelstand der Krämer und Handwerker gewehrt. Eifersüchtig hatten sie dafür gesorgt, dass sämtliche Fuhrwerke an den Toren streng kontrolliert wurden, denn der Import aller Güter, die in der Stadt hergestellt werden konnten, war verboten. Sie hatten sich sicher und geborgen gefühlt, wenn (bis 1856) abends die Stadttore verschlossen wurden. Nun spürten sie, dass ihre kleine Welt mit ihrer protektionistischen Zunftverfassung dem Untergang geweiht war.
Die städtische Elite hingegen hatte die Mauern schon überschritten. In den frühen 1850er-Jahren war es für sie in der Stadt zu eng geworden. Sie bauten sich ihre Villen im hinteren Teil der St. Albanvorstadt oder vor dem St. Albantor, wo sich früher ihre Landsitze und Gartenhäuser befunden hatten (bis heute ist die ‹Dalbe›, wie die Basler das Quartier nennen, ein exklusives Wohnviertel geblieben). Natürlich hatten sie auch dafür gesorgt, dass sie am Abend nicht ausgeschlossen wurden.

Vor den Toren befanden sich aber nicht nur die Villen der Reichen. 1854 liess Karl Sarasin (1815–1886), das Modell eines ‹christlichen Unternehmers›, im heutigen Breite-Quartier eine Arbeitersiedlung erstellen. Die Arbeiterinnen und Arbeiter hatten nur einen kurzen Arbeitsweg zur Sarasinschen Bandfabrik (siehe Bild auf S. 125). Zudem entsprachen die Häuser dem neuesten hygienischen Standard, waren grosszügig und komfortabel. Sarasin war überzeugt, dass nur ein gesunder Arbeiter ein guter Arbeiter ist. Er war überhaupt eine spannende Figur: Seidenbandherr, Pietist und der einflussreichste Politiker in den letzten Jahrzehnten des Ratsherrenregiments. 1859 wurde er zum städtischen Bauherrn gewählt. Zusammen mit Johann Jakob Stehlin, einem Architekten, der im selben Jahr zum Bürgermeister gewählt wurde, führte er die Stadt in den grössten Transformationsprozess ihrer Geschichte.

MIT VOLLDAMPF VORAUS (1833–1914)

Abbruch des St. Johanns-Schwibbogens, 1874

Innerhalb von vierzig Jahren wurden 6000 neue Häuser gebaut. Rund um das alte Zentrum entstanden neue Wohnquartiere. Eine soziale Durchmischung aber gab es, anders als in anderen Städten, kaum: Arbeitersiedlungen entstanden vor allem auf der rechten Rheinseite, die Mittelklasse liess sich vor dem Spalentor und dem Steinengraben nieder.

Anfänglich gab es für die Stadterweiterung durchaus einen Plan. Experten wurden beigezogen und Quartiere mit Strassen und Plätzen entworfen. Doch der Plan wurde nur in Ansätzen realisiert, zum Beispiel mit dem Bau zweier neuer Rheinbrücken (Wettsteinbrücke 1879 und Johanniterbrücke 1882) oder der Anlage eines ‹grünen Gürtels›. Dieser Grüngürtel zeigt, dass bei der Stadterweiterung gesundheitspolitische Überlegungen (die ‹Stadtgesundung›) eine wichtige Rolle spielten: Der zugeschüttete Stadtgraben wurde nicht als Bauland genutzt, sondern durch eine durchgehende Parkanlage ersetzt (ein kleiner Teil davon ist zwischen Aeschenplatz und St. Albantor erhalten). Zum grünen Gürtel gehörte auch der 1874 eröffnete Zoo, zu dessen Anlage derselbe Experte geraten hatte.
Doch dann geschah das, was in der Basler Stadtplanung mittlerweile zur Tradition geworden ist: Die Pläne wurden nach etwa zehn Jahren über den Haufen geworfen. Von den 1870er-Jahren an verkaufte die Stadt Bauland an Spekulanten, die Strassenpläne

Die Beinwilerstrasse, eine typische Quartierstrasse aus dem späten 19. Jahrhundert

einreichen mussten und für den Bau und Unterhalt der Strassen verantwortlich waren. Wenn zwei Drittel überbaut waren, wurde die Strasse zur Allmend, das heisst, die Stadt übernahm ihren Unterhalt. Auf diese Weise kam man ohne grossen Aufwand zu neuen Wohnquartieren. Doch auch für die Spekulanten war es meist ein einträgliches Geschäft, wie das Beispiel der ‹Süddeutschen Immobiliengesellschaft› zeigt. 1873 kaufte sie das Gundeldingerfeld, ein riesiges Areal im Süden der Stadt. In den folgenden dreissig Jahren baute man dort Strasse um Strasse, mit Hunderten von Liegenschaften. Die Basler Teilhaber der sogenannten ‹Mainzer› Gesellschaft konnten den unglaublichen Gewinn von über 30 Millionen Franken einstreichen. Charakteristisch für die zentrale Planung des ‹Gundeli›, wie das Quartier im Volksmund genannt wird, ist das regelmässige Strassenraster. Bestimmend dafür waren weder Ästhetik noch Verkehr, sondern die ökonomischste Art, eine Kanalisation anzulegen, die zu den gesundheitspolitischen Vorschriften gehörte. Es gab noch weitere: Um Luft und Licht zu gewährleisten, schrieb das Gesetz die Breite der Strassen und den Abstand zwischen den Häusern vor. Zudem mussten vor den Häusern Gärten angelegt werden. Sie sollten den Strassenstaub schlucken und so die Strassenreinigung vereinfachen, weshalb sie nicht mit einer Mauer umfasst werden durften, sondern bestenfalls mit einem durchlässigen Gartenzaun. Bis heute sind diese Vorgärten mit ihren Zäunen aus Eisenstäben ein typisches Element der Basler Quartierstrassen geblieben.

Der Birsig zwischen Barfüsserplatz und Rüdengasse vor 1900

Auch die Altstadt veränderte sich. Obschon viele Menschen nach wie vor zusammengepfercht in den mittelalterlichen Gassen hausten, verwandelte sie sich zunehmend in ein Dienstleistungszentrum. In den 1880er-Jahren wurden alle Häuser auf der (vom Marktplatz aus betrachtet) rechten Seite der Freien Strasse abgerissen und die Baulinie zurückgesetzt. So entstand eine neue, breitere Hauptgeschäftsstrasse mit prachtvollen Kaufhäusern. Leider wurde der ästhetische Eindruck in der zweiten Hälfte des 20. Jahrhunderts geschmälert, als die Erdgeschosse geschmacklos modernisiert wurden. Nur ein Blick zu den oberen Etagen offenbart die frühere Pracht.
Am Steinenberg entstand eine ‹Kulturmeile› mit Bauten wie dem später abgebrochenen Kasino von Melchior Berri, dem alten Stadttheater, dem bis heute erhaltenen Musiksaal und der Kunsthalle, dem Ausstellungsgebäude der Basler Künstlergesellschaft. Nicht alle wurden von der Stadt finanziert. Die Künstlergesellschaft zum Beispiel musste das Geld selbst auftreiben. Wie sie das tat, war originell: Sie richtete 1854 einen Fährbetrieb über den Rhein ein, dessen Erlös knapp zwanzig Jahre später dem Bau der Kunsthalle zugute kam. Diese Strömungsfähre, die bei der heutigen Wettsteinbrücke verkehrte, war ein grosser Erfolg; der Betrieb konnte ausgebaut werden. Heute sind die mittlerweile vier Rheinfähren aus dem Stadtbild kaum mehr wegzudenken.
Auch die neogotische Elisabethenkirche (1857–1864), die hoch über der Kulturmeile thront, wurde mit privaten Mitteln finanziert. Auftraggeber der ersten Kirche, die in Basel

seit der Reformation gebaut wurde, war Christoph Merian (1800–1858). Ruiniert hat ihn der Bau keineswegs: Das Vermögen, dass er der Stadt zur Nutzniessung hinterliess, war immens. Die Christoph Merian Stiftung trägt – neben ihrem sozialen Engagement – seit über einem Jahrhundert auch zur Gestaltung des öffentlichen Raumes bei: Mit Stiftungsgeldern wurden beispielsweise der Neubau der Mittleren Brücke (1905) und die Sanierung des St. Albantals in den 1980er-Jahren finanziert.

Es war nicht immer leicht, die neuen hygienischen Vorstellungen auch im alten Zentrum durchzusetzen. Immerhin wurde die ‹School›, die Schlachthäuser und Verkaufsstände der Metzger am Marktplatz, in den 1880er-Jahren abgerissen. Dadurch wurde der Platz doppelt so gross und erhielt seine schlauchartige Form. 1900 verschwand auch die ‹Schande Basels›, der letzte offene Abschnitt des Birsig zwischen Barfüsserplatz und Schiffländi, in einem Tunnel.

AUF DEM WEG ZUR DEMOKRATIE

Auch wenn das Ratsherrenregiment sich bemühte, Schritt zu halten, liess sich nicht leugnen, dass das gesamte politische System hoffnungslos veraltet war. Wollte Basel wirklich eine reaktionäre Insel in einem demokratischen Land bleiben? Wie lange noch konnten Regierungsämter ehrenamtlich, das heisst unbezahlt, bleiben, so dass nur Reiche Zugang zu ihnen hatten? Wie lange konnte es den Zünften noch gelingen, alle Zugezogenen vom Gewerbe auszuschliessen?

Obwohl es in der Stadt brodelte (zunehmender Einfluss des Freisinns, Beginn der Arbeiterbewegung), brauchte es zur Demokratisierung den Druck von aussen. 1874 erhielt die Schweiz nach jahrzehntelangen Debatten eine neue Verfassung. In ihr wurden zwei fundamentale Rechte der direkten Demokratie, das Initiativ- und das Referendumsrecht, verankert. Zudem garantierte sie allen Schweizern die Religions- und die Gewerbefreiheit. Die Stadt musste sich anpassen, ob sie es wollte oder nicht.

Die kantonale Verfassung von 1875 legte den Grundstein zu einem modernen Staat. Die Tage des Ratsherrenregiments waren gezählt. Exekutive war nun ein siebenköpfiger Regierungsrat (dessen Mitglieder besoldet waren), Legislative der Grosse Rat mit 130 Volksvertretern. Die politischen und wirtschaftlichen Privilegien der Zünfte wurden abgeschafft. Überlebt haben die Zünfte als gesellschaftliche Gruppierungen, die als soziales Netzwerk nach wie vor eine Bedeutung haben. Sie halten ihre Traditionen hoch, unterstützen wohltätige Projekte, haben aber keine öffentliche Funktion.

Es war ein grosser Schritt in Richtung Demokratie, obschon die Hälfte der (schweizerischen) Bevölkerung nach wie vor von der Mitsprache ausgeschlossen blieb. Bekanntlich erhielten Frauen in der Schweiz erst 1971 das Stimmrecht. Immerhin war Basel-Stadt einer der ersten Kantone, der das kantonale Stimmrecht für Frauen einführte (1966). 1889 wurde die Verfassung nochmals modifiziert, danach aber blieb sie über ein Jahrhundert lang bestehen. Erst 2006 ersetzte man sie durch eine neue.

Bläsischulhaus, erbaut 1883

In den ersten freien Wahlen verloren die ‹Konservativen› ihre Mehrheit an die ‹Radikalen›. Die Anführungszeichen setze ich deshalb, weil es sich bei ihnen nicht um Parteien im heutigen Sinne handelte. Im 19. Jahrhundert wurde die Politik von Interessenverbänden wie Zünften oder Vereinen beeinflusst. Sie hing sehr stark von einzelnen Persönlichkeiten ab und nicht von Parteiprogrammen. Basels politische Parteien wurden erst gegen Ende des 19. und zu Beginn des 20. Jahrhunderts gegründet.

Die Radikalen (oder Freisinnigen) dominierten die Basler Politik über drei Jahrzehnte lang. Ihr Aufstieg begann schon kurz nach 1848 (dem Gründungsjahr des Bundesstaates). In den 1860er-Jahren wurde ihr Anführer, Wilhelm Klein, in den Kleinen Rat gewählt. Zum einen war dies Beschwichtigungspolitik der alten konservativen Eliten, zum andern zeigt sich daran, dass sich der Freisinn nach zwanzig Jahren als politische Kraft etabliert hatte. Die Radikalen wurden von der ständig wachsenden ‹neuen Mittelklasse› der Angestellten und Beamten getragen. Ihr Hauptanliegen war die Chancengleichheit für alle. Deshalb waren sie auch sehr bestrebt, das Schulsystem umzugestalten.

SCHULEN
Zwischen 1874 und 1907 wurden in Basel nicht weniger als zwanzig neue Schulhäuser gebaut. Man brauchte sie, weil mit der Bevölkerung auch die Zahl der Schulkinder zunahm.

Aber mussten sie, wie Konservative beklagten, wirklich so luxuriös sein? Mit ihren prunkvollen Fassaden glichen sie italienischen Renaissancepalästen. Das aber war Absicht. Die repräsentativen Bauten sollten nicht zuletzt ein Symbol der freisinnigen Politik sein.

Nach dem Wahlsieg der Radikalen 1875 übernahm Wilhelm Klein das neu geschaffene Erziehungsdepartement. Bis zu diesem Zeitpunkt hatte das Schulwesen ganz in den Händen der reformierten Kirche gelegen, welche die Lehrer anstellte und inspizierte. Höhere Bildung war den oberen Gesellschaftsschichten vorbehalten. Für Kinder einfacher Leute, so die vorherrschende Meinung, genüge es, das Wort Gottes lesen zu können und den Katechismus auswendig zu lernen (kein Wunder, dass die Katholiken ihre Kinder lieber in die katholische Privatschule im Hattstätterhof schickten). Wilhelm Klein versuchte, der Kirche das Bildungsmonopol zu entreissen. Er entwarf ein Gesetz, das neben kostenlosen Gesamtschulen auch das Verbot von Religionsstunden vorsah. Seine Ideen waren zu revolutionär. Nicht zuletzt wegen der Schulpolitik verloren die Radikalen die nächsten Wahlen – und Klein sein Amt als Regierungsrat. Das erste umfassende Schulgesetz Basels wurde von einem Konservativen, Paul Speiser, verfasst. Der Religionsunterricht blieb erhalten, ebenso die Aufteilung der weiterführenden Schulen, die damit eigentliche Standesschulen blieben. Als Konzession an die Radikalen wurde wenigstens das Schulgeld abgeschafft, langfristig aber gelang es dem Freisinn, das staatliche Bildungsmonopol durchzusetzen.

Die Grösse der Schulhäuser ist nur zum Teil auf ihren Repräsentationscharakter zurückzuführen. Auch gesundheitspolitische Überlegungen spielten eine Rolle. Ärzte hatten hohe Schulräume mit grossen Fenstern empfohlen, damit die Kinder, besonders in ärmeren Wohngegenden, wenigstens in der Schule ausreichend Licht und Luft hätten (Tuberkulose war namentlich unter den Kindern Kleinbasels sehr verbreitet). Eine Kommission für Schulhausbauten schrieb auch Duschräume im Keller vor, wo sich die Kinder jeden Morgen zum obligatorischen Schulduschen versammeln mussten.

DIE ‹SOZIALE FRAGE›

Das starke Wachstum der Industrie schuf in der zweiten Hälfte des Jahrhunderts in Europa ein riesiges Proletariat. Keine Gesetze schützten Arbeiterinnen und Arbeiter (und ihre Kinder) vor Ausbeutung, keine staatliche Einrichtung unterstützte sie im Fall von Arbeitslosigkeit oder Krankheit. Ein erstes Fabrikgesetz kam in Basel erst 1869, nach Streiks in verschiedenen Fabriken, zustande. Die Forderungen der Gewerkschaften wurden zwar nicht erfüllt, aber immerhin wurden Kinderarbeit und Nachtarbeit für Frauen verboten. Die Menschen arbeiteten weiterhin zwölf Stunden täglich, inklusive Samstag. Die Löhne waren so niedrig, dass es unmöglich war, eine Familie zu ernähren, wenn nicht beide Elternteile und die erwachsenen Kinder arbeiteten. 1889 hatte nur die

Hälfte aller Arbeiterfamilien genügend Geld für eine ausreichende Ernährung. Ein Unfall, Krankheit oder die Geburt eines Kindes konnten schnell zu akuter Armut führen. Lange Zeit wurde die öffentliche Fürsorge der Kirche oder privaten Organisationen wie der GGG oder der Christoph Merian Stiftung überlassen. Doch sie allein konnten dem Elend nicht Herr werden. Erst in der Verfassung von 1889 wurde dem Kanton die Aufgabe zugewiesen, zur Armenunterstützung zumindest teilweise beizutragen. Diese Verbesserung ist auch darauf zurückzuführen, dass sich das Proletariat mittlerweile organisiert hatte und die ersten Sozialdemokraten im kantonalen Parlament sassen.

Ein Mitbestimmungsrecht der Arbeiter gab es zur Zeit des konservativen Ratsherrenregiments nicht, zudem hatte sich noch kein eigenes Klassenbewusstsein ausgebildet. Die meisten Arbeiter sympathisierten mit den Radikalen, die sich nach 1875 tatsächlich intensiv mit der ‹sozialen Frage› auseinandersetzten. Doch in den letzten beiden Jahrzehnten des 19. Jahrhunderts zeigte es sich immer deutlicher, dass die Interessen der neuen Mittelklasse und des Proletariats unterschiedlicher Natur waren.
Die Organisation der Massen war auch wegen der hohen Mobilität der Arbeiterschaft schwierig. Viele hielten sich nur kurze Zeit in der Stadt auf und zogen dann weiter. Die ersten Arbeitskämpfe, wie der Posamenterstreik von 1848, waren schlecht organisiert und endeten mit schweren Niederlagen. Erst nach der Gründung der legendären Ersten Internationalen in London (1864) entstanden auch in Basel erste Gewerkschaften. Sie hatten 1868 einen grossen Zulauf, als eine Streikwelle ganz Europa erschütterte. Doch nach dem Fabrikgesetz von 1869 fiel die Bewegung wieder in sich zusammen.
1886 erschien der erst 24-jährige Eugen Wullschleger auf der Bildfläche. Er gründete den ‹Basler Arbeiterbund›, eine Dachorganisation der verschiedenen Gewerkschaften, sowie den ‹Basler Arbeiterfreund›, die erste regelmässig erscheinende Arbeiterzeitung. Vier Jahre später, 1890, rief er die lokale Sektion der Sozialdemokratischen Partei (SP) ins Leben. Als er jedoch zum Regierungsrat und später zum Nationalrat gewählt wurde, zog er sich von Parteiaktivitäten zurück. Andere führten die sozialistische Bewegung ins 20. Jahrhundert.

AUF DER SUCHE NACH IDENTITÄT

Bis zur Mitte des 19. Jahrhunderts war der typische Basler männlich, protestantisch und Mitglied einer Zunft; er verstand sich in erster Linie als Bürger der Stadt, nicht der Nation. (Obwohl Frauen in der Arbeitswelt äusserst wichtig waren, blieb ihr Mitwirken am öffentlichen Leben sehr eingeschränkt. Wie die alte, so war auch die neue Gesellschaft eine reine Männerwelt.) Ende des Jahrhunderts war alles anders geworden: Die Hälfte der stimmberechtigten Männer waren keine Stadtbürger mehr, viele waren keine Protestanten und nur noch eine Minderheit Mitglied einer Zunft.

Das Festspiel ‹Der Basler Bund 1501› auf der Pruntrutermatte, 1901

Als der Freisinn im letzten Viertel des 19. Jahrhunderts die politische und gesellschaftliche Führungsrolle übernahm, bemühte er sich, zum Teil mit Unterstützung der alten Eliten, eine neue ‹Basler› Identität zu schaffen.

GEDENKFEIERN UND FESTSPIELE

Jedes Jahr am 26. August versammelten sich über hundert Vereine und Zünfte. Stolz marschierten sie hinter ihren Fahnen nach St. Jakob an der Birs, um der ‹Helden› zu gedenken, die 1444 dort gefallen waren (siehe oben, S. 61). Die Schlacht war zwar nie völlig in Vergessenheit geraten, aber erst im frühen 19. Jahrhundert lebte der Mythos des ‹noblen Opfers› wieder richtig auf und wurde ab den 1860er-Jahren in den sogenannten ‹St.Jakobsfeiern› jährlich zelebriert. Reichlich Wein (‹Schweizerblut›) sorgte für gute Stimmung, patriotische Lieder wurden angestimmt und Festreden voller Pathos gehalten. Mit ihrem Blut, so wurde betont, hätten die ‹Väter› den Bund besiegelt, lange bevor Basel der Eidgenossenschaft beitrat. Wie bewusst diese Geschichtsklitterung war, sei dahingestellt. Den freisinnigen Patrioten ging es in erster Linie darum, eine ‹gemeinsame› historische Identität zu konstruieren.

Ähnliches lässt sich auch bei den Festspielen beobachten. Bei ihnen handelt es sich um grosse Freilichtaufführungen mit Hunderten von Laiendarstellern, die zur Erinnerung an bestimmte historische Ereignisse inszeniert wurden. Sie waren in der ganzen Schweiz beliebt und bildeten ein wichtiges Element des sogenannten ‹nation-building› im späten 19. Jahrhundert. Nach dem Zweiten Weltkrieg verschwanden sie; überlebt haben die Tellspiele, anachronistische Touristenattraktionen, die nach wie vor zur Festigung schweizerischer Mythen beitragen.

Die grössten Festspiele in Basel fanden 1892 (Vereinigungsfeier von Gross- und Kleinbasel) und 1901 (400-Jahr-Feier des Beitritts zur Eidgenossenschaft) statt. Riesige Bühnen wurden errichtet, auf denen über 2000 Darsteller ein begeistertes Publikum entzückten. Viele Mythen, die damals geschaffen wurden, sind heute noch im Umlauf. Ein Beispiel betrifft den Kauf Kleinbasels im Jahr 1392. Er hatte mit der Eidgenossenschaft eigentlich nichts zu tun, weshalb die Geschichte leicht modifiziert werden musste. Die Bedeutung der Schlacht von Sempach (1386), in welcher der österreichische Herzog Leopold den Tod fand, wurde überbetont: Nur der Tyrannenmord durch heroische Eidgenossen, so die Botschaft, habe die Vereinigung von Gross- und Kleinbasel ermöglicht.

Die Bedeutung der Festspiele lag darin, dass sie ein Band zwischen alteingesessenen Baslern und neu zugezogenen Schweizern schufen. Gemeinsam spielten sie auf der Bühne oder sahen dem Spektakel zu. Am Ende der Aufführungen wurden Darsteller und Zuschauer eins: Alle erhoben sich, um gemeinsam die Nationalhymne zu singen. Geschichte und Mythen wurden benutzt, um Identität zu stiften. So wurde Basels spezifische Geschichte an die Schweizer Geschichte gekoppelt, um das Gefühl der Zusammengehörigkeit zu vermitteln. Dies half nicht nur zugezogenen Schweizern, in der Stadt nördlich des Jura heimisch zu werden, sondern war auch den Alteingesessenen willkommen – nach all den Jahrzehnten, in denen die Stadt als ‹fromm› und ‹aristokratisch› ausgegrenzt worden war.

FASNACHT

Heutzutage wird ein Fest ganz anderer Art mit Basel assoziiert: die Fasnacht. Entgegen der verbreiteten Meinung hat sie ihre Wurzeln nicht im Mittelalter. Der wilde und exzessive mittelalterliche Karneval gehörte zum Ersten, was nach der Reformation verboten wurde, und er hat auch in katholischen Gegenden nicht überlebt. Alle modernen Formen des Karnevals sind das Ergebnis einer Wiedergeburt im späten 18. Jahrhundert. Die Art und Weise, wie sich die Basler Fasnacht entwickelt hat, hat sehr viel mit dem gesellschaftlichen Wandel im 19. Jahrhundert zu tun.

Gewiss, es gab ältere Traditionen. Seit dem Mittelalter versammelten sich Basels Zunftbrüder am Aschermittwoch zu grossen Banketten. Diese Bankette nahmen im späten 18. Jahrhundert in Form von bunten Abenden und Maskenbällen durchaus karnevaleske Züge an. In der darauf folgenden Woche gab es grosse Umzüge, die durchwegs militärischen Charakter hatten. Sie standen ursprünglich mit den Waffeninspektionen der Zünfte im Zusammenhang und wurden demzufolge von traditioneller Militärmusik, Trommeln und Pfeifen, begleitet. Nach der Kantonstrennung 1833 wurden die bunten Abende und Paraden jedoch eingestellt.

Als die Umzüge um 1840 wieder auftauchten, gab es einen entscheidenden Unterschied. Sie wurden nicht mehr von den Zünften organisiert, sondern von einem Verein namens ‹Quodlibet›. Ihm konnten auch Nichtbürger beitreten. An den Umzügen nahmen nun ebenfalls neu Zugezogene teil und begannen, sie zu verändern. Zunehmend wurde der militärische Charakter (der bis heute spürbar geblieben ist) vom Karnevalesken verdrängt. Die Immigranten führten Elemente ein, die sie aus ihrer ursprünglichen Heimat kannten; einige davon wurden beibehalten, andere wieder fallen gelassen. Diese ‹experimentelle Phase› dauerte bis zum Ende des Jahrhunderts.

Die städtische Elite distanzierte sich sehr schnell vom ‹Amüsement des Pöbels›. Die Fasnacht im 19. Jahrhundert war ein Fest der neuen Mittelklasse. ‹Typisch› war sie keineswegs; vielmehr glich sie stark anderen Formen des Karnevals, wie sie vor allem in Deutschland verbreitet waren. Nach 1900 bemühte sich das Quodlibet (und ab 1911 dessen Nachfolger, das Fasnachtscomité), diesen Charakter zu ändern. Der Prinz Karneval etwa, der bis dahin den Umzug angeführt hatte, verschwand, der Name ‹Fastnacht› wurde zu ‹Fasnacht› verkürzt, und der Basler Dialekt wurde zur einzig akzeptierten Sprache. 1920 hatte sich so mehr oder weniger jene Form herausgebildet, die wir heute kennen.

Es funktionierte: In den 1920er-Jahren begannen auch die alteingesessenen Familien, wieder an der Fasnacht teilzunehmen. Sie wurde damit zu einem wichtigen Teil der städtischen Identität.

DAS 20. JAHRHUNDERT

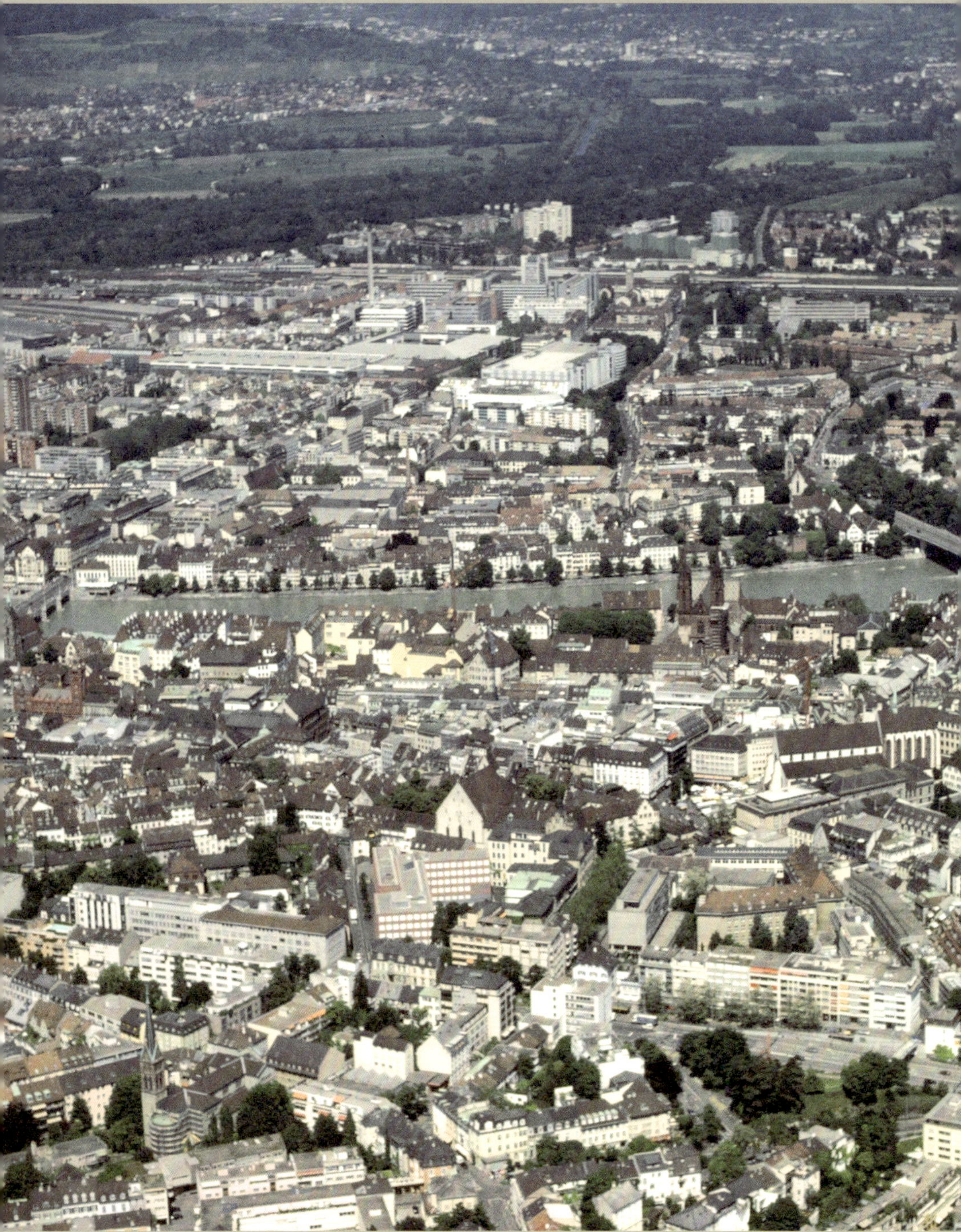

DAS 20. JAHRHUNDERT

Es gibt in der Geschichte manchmal erstaunliche Parallelen. Im Mittelalter war dem ‹blühenden› 13. das ‹katastrophale› 14. Jahrhundert gefolgt. Ähnlich folgte der Aufbruchstimmung des 19. Jahrhunderts das 20. Jahrhundert, dessen erste Hälfte von Wirtschaftskrise, Klassenkampf und den beiden Weltkriegen geprägt wurde. In diesen Kriegen wurde die Schweiz zwar von Kampfhandlungen verschont (auf die Gründe will ich hier nicht eingehen). Doch transformierten sie auch dieses Land zutiefst.

Die Barbarei und die Grausamkeiten des Zweiten Weltkriegs sind noch in lebhafter Erinnerung. Tatsächlich aber stellt der (ebenfalls äusserst barbarische) Erste Weltkrieg eine grössere Zäsur dar. Die Welt nach ihm war nicht mehr dieselbe wie zuvor, sowohl in der Politik als auch in Kunst und Gesellschaft (als Beispiele seien genannt: der Sturz der Monarchien, der Aufstieg der Parteien, der Sieg des Bolschewismus, die Anfänge der Frauenbewegung, der Beginn der modernen Malerei). Die zweite Jahrhunderthälfte wurde einerseits vom Kalten Krieg, andrerseits vom Wirtschaftswunder, das bis zur Ölkrise der 1970er-Jahre anhielt, geprägt.

Je näher man der Gegenwart kommt, desto mehr verwandelt sich der Historiker zum Journalisten. Es ist zuweilen unmöglich, zwischen kurzlebigen Trends und langfristigen Veränderungen zu unterscheiden. Aus der Fülle an Informationen habe ich eine Auswahl getroffen und sie wie folgt gegliedert: Das erste Unterkapitel handelt von der Ereignisgeschichte der ersten Jahrhunderthälfte; das zweite beleuchtet einige das ganze Jahrhundert umspannende Aspekte wie die wirtschaftliche Entwicklung, den Verkehr oder die Migration; im dritten komme ich auf eine der Leitfragen dieses Buches zurück, nämlich wie sich der Wandel auf das Stadtbild ausgewirkt hat.

Italiener warten nach Ausbruch des Ersten Weltkriegs auf der Pruntrutermatte auf die Heimreise, 1914

BLUT, SCHWEISS UND TRÄNEN

24. November 1912. Alle Mitglieder der Basler Regierung und die Repräsentanten der reformierten Kirche haben sich im Münster versammelt. Die Glocken läuten, und durch die weit geöffneten Portale ziehen die Führer der Zweiten Sozialistischen Internationale mit ihren roten Fahnen. Einer nach dem anderen besteigt die Kanzel und hält eine feurige Rede gegen den Imperialismus und den drohenden Krieg, der, so ihre Überzeugung, durch die Solidarität der Arbeiterklasse verhindert werden könne.

Es war die grösste Friedensdemonstration, die der Kontinent je gesehen hatte und das neutrale Basel, der alte Kongressort mit diplomatischer Tradition, war zu diesem Zeitpunkt einer der wenigen Orte, wo sie stattfinden konnte. Der warme Empfang der Regierung und die Tatsache, dass die reformierte Kirche den ‹Roten› das Münster zur Verfügung gestellt hatte, schockierte Europas Konservative. Dies war umso bemerkenswerter, weil auch hier der Klassenkampf tobte und die Gegensätze zwischen Proletariat und Kapitalisten grösser denn je waren. Aber die Sozialdemokratische Partei hatte in Basel einen grossen Einfluss: Sie bildete die stärkste Fraktion im Grossen Rat, und stellte zwei von sieben Mitgliedern des Regierungsrats. Was die reformierte Kirche betrifft, so stimmte sie vermutlich mit dem grossen französischen Sozialisten Jean Jaurès überein, der in seiner Rede betonte, dass Christen und Arbeiter dasselbe Ziel hätten: den Frieden zu bewahren.

Die Hoffnung erfüllte sich nicht. Keine zwei Jahre später schmolz die internationale Solidarität dahin wie Schnee an der Frühlingssonne, als nach den Schüssen von Sarajewo der Erste Weltkrieg begann. Lange hatte er sich angekündigt. Trotzdem wurden die meisten Nationen von seinem Ausbruch überrascht. Die Schweizer Armee wurde sofort mobilisiert, um die Grenzen zu schützen. Vier Jahre lang blieben Soldaten Teil des städtischen Alltags. Viele junge Basler dienten in anderen Teilen des Landes.

Die ersten Kriegswochen waren chaotisch. Der internationale Transport brach zusammen. Rund 30000 Italiener, Gastarbeiter im Norden Europas, waren auf ihrer Heimreise in Basel blockiert. Wochenlang mussten sie in einem Fussballstadion campieren und wurden von den Einheimischen bestaunt. Neugier war, wie es scheint, überhaupt die Grundhaltung dem Krieg gegenüber. Die Basler promenierten mit Feldstechern zum Margarethenhügel in der Hoffnung, von dort einen Blick auf das Kampfgeschehen in den Vogesen zu erhaschen. Besonders Waghalsige unternahmen sogar verbotene Ausflüge ins Elsass und tischten nach ihrer Rückkehr die abenteuerlichsten Geschichten auf, die von allen anderen gierig verschlungen wurden. Es war schwer, an Informationen zu kommen. Zeitungen waren von der Propaganda der Kriegsparteien beeinflusst. In Basel glaubte man grundsätzlich, was die Deutschen sagten. Den ganzen Krieg hindurch genossen die Achsenmächte in der ganzen Deutschschweiz grosse Sympathien. In der französisch sprechenden Westschweiz war es genau umgekehrt. Der Erste Weltkrieg spaltete das Land; zum ersten Mal öffnete sich der sogenannte Röstigraben.

Bedroht fühlte sich in der Schweiz niemand. Nach der Aufregung der ersten Wochen ging das Leben seinen gewohnten Gang. Aber der Krieg wollte und wollte nicht enden. Der Basler Wirtschaft konnte das recht sein: Das Geschäft blühte, die Reichen wurden reicher. Die ärmere Bevölkerungsschicht allerdings bekam die Härte des Krieges zunehmend zu spüren. Lebensmittel und Kohle wurden knapp, es gab eine Inflation, die Löhne aber blieben niedrig. Viele Familien kämpften ums Überleben, weil ihre arbeitsfähigen Männer zum Kriegsdienst abkommandiert worden waren. Seltsamerweise zahlte die Schweizer Armee ihren Soldaten keinen Lohnersatz, und die Spenden von Privatpersonen konnten die Not nicht mindern. Begreiflicherweise waren viele junge Männer darüber wütend, dass sie durch ihren Dienst am Lande zu Bettlern wurden. Ebenso begreiflich ist es, dass die sozialen Konflikte eskalierten. Am Tag des Waffenstillstandes in Europa wurde in der Schweiz ein Generalstreik ausgerufen.

DAS ‹ROTE BASEL›

Der namenlose Herr auf dem Bild links fegt nicht etwa den Gehsteig vor seinem Haus. Sein eleganter Anzug entspricht aber auch nicht der Arbeitskleidung eines professionellen Strassenwischers. Er gehört unverkennbar der gehobenen Mittelklasse an. Ist er etwa arbeitslos? Nein. Er ist ein Mitglied der Bürgerwehr, und er kehrt, weil die städtischen Strassenarbeiter streiken. Nicht alle Aktivitäten der Bürgerwehr waren so harmloser Natur. In der angespannten Atmosphäre der Zeit rüsteten die jungen Männer der Mittelklasse zum Kampf. Das Foto von 1919 lässt die tiefe Zerrissenheit der städtischen Gesellschaft zumindest erahnen.

Nachdem sich Ende des 19. Jahrhunderts die sozialistische Bewegung formiert hatte, begann eine lange Periode von ‹Blut, Schweiss und Tränen› (um es mit Churchills berühmten Worten zu sagen). Letztlich führten die sozialen Auseinandersetzungen zu unserem modernen, allgemein akzeptierten Wohlfahrtsstaat. Ausgerechnet Basel-Stadt, der konservativste Kanton des 19. Jahrhunderts, wurde zu seinem Vorreiter.

Bürgerwehr während des Färberstreiks 1919

Den Auftakt machte 1903 ein Maurerstreik, bei dem, nebenbei, ein gewisser Benito Mussolini eine Gruppe italienischer ‹muratori› anführte. Zur allseitigen Überraschung unterstützte der Münsterpfarrer Leonhard Ragaz die Streikenden in einer Predigt, die den Beginn des religiösen Sozialismus in der Schweiz markiert. Dem Maurerstreik folgte eine Streikwelle nach der anderen. In den Jahren 1905 und 1913 wurde nicht weniger als 250 Mal die Arbeit niedergelegt.

Der Ausbruch des Ersten Weltkriegs beendete diese erste ‹heisse› Phase des Klassenkampfes. Je länger jedoch der Krieg andauerte, desto mehr verschärfte sich die soziale Ungerechtigkeit. Als am 11. November 1918 ein landesweiter Generalstreik ausgerufen wurde, genoss er die volle Unterstützung der Basler Arbeiterschaft. Viele bedauerten, dass der Streik nach nur zwei Tagen friedlich beendet wurde. Die Lage entspannte sich jedoch nicht. Im Gegenteil: Internationale Ereignisse wie der Sieg der Bolschewisten in Russland oder die revolutionären Vorgänge in Deutschland bestärkten die sozialistischen Führer im Glauben, das ‹goldene Zeitalter des Kommunismus› stehe unmittelbar bevor. Gleichzeitig wuchs die Nervosität im Lager der konservativen Elite und der bürgerlichen Mittelklasse. Als ein Arbeiterkomitee am 31. Juli 1919 in Basel zu einem weiteren Generalstreik aufrief, forderte die Regierung Truppen der schweizerischen Armee an. So kam es zum ‹schwarzen Freitag› der jüngeren Basler Geschichte: Am 1. August schossen Soldaten in der Greifengasse in die aufgebrachte Menge. Dutzende wurden verletzt, drei Männer und zwei Frauen starben.

Danach herrschten Schock und Konsternation. Die Gewerkschaften waren geschlagen; unzählige Arbeiter wurden entlassen, 123 zu Gefängnisstrafen verurteilt. Der Klassenkampf aber ging weiter. Nur wurde er nicht mehr auf der Strasse ausgetragen, sondern im Rathaus.

Das Jahr 1905 markiert in der politischen Geschichte Basels einen Wendepunkt. Nach einer Änderung des Wahlmodus verloren die Radikalen die Vorherrschaft, die sie dreissig Jahre lang innegehabt hatten, und das Mehrparteiensystem entstand, das wir noch heute kennen. Seither ist es keiner einzelnen Partei mehr gelungen, die Mehrzahl der Sitze im Parlament zu erobern. Langfristig entwickelte sich eine politische Kultur, die nicht nur für Basel, sondern für die ganze Schweiz typisch ist: Das Schliessen von Bündnissen, das Suchen nach Kompromissen und die Aufteilung der Regierungsverantwortung haben dem Land insbesondere in der zweiten Hälfte des 20. Jahrhunderts eine grosse Stabilität verliehen.

Die ersten Jahrzehnte waren jedoch nicht von Konsens geprägt, sondern von Konfrontation. Auf der einen Seite standen die ‹Roten›. Seit 1908 war die SP immer Basels stärkste Partei, auch nach der Spaltung, die 1921 zur Gründung der Kommunistischen Partei führte. Auf der andern Seite waren die ‹Bürgerlichen›: Aus Angst vor dem Kommunismus schlossen sich die alten Rivalen des 19. Jahrhunderts, die Freisinnig-Demokratische Partei (FDP) und die Konservativen, die ihre 1905 gegründete Partei verwirrenderweise Liberal-Demokratische Partei (LDP) nannten, zu einem bis heute währenden Bündnis zusammen. Zu diesem gesellte sich die ebenfalls 1905 gegründete Partei der Katholiken (KVP, heute Christliche Volkspartei) sowie die mittlerweile verschwundene rechtslastige Bürger- und Gewerbepartei (BGP).

Besonders in den 1920er-Jahren waren die Debatten im Parlament sehr lebhaft. Hitzige Diskussionen arteten zu beinahe handgreiflichen Tumulten aus. Gegen Beschlüsse des Parlaments wurde häufig das Referendum ergriffen; die Stimmbeteiligung lag selten unter 70 Prozent.

Die Exekutive, der Regierungsrat, war bürgerlich. Doch 1935 geschah das Unvorstellbare: Die Sozialdemokraten gewannen die Mehrheit in der Regierung, die Stadt wurde, wie die übrigen Schweizer sagten, zum ‹roten Basel›. Sie blieb während des gesamten Zweiten Weltkriegs sozialdemokratisch. Erst 1950 konnten die Bürgerlichen die Mehrheit zurückgewinnen. (Nebenbei: Mit der Wahl dreier Mitglieder der SP und eines Kandidaten der Grünen Partei eroberte die Linke 2004 erneut die Regierungsmehrheit.) Die Verdienste der sozialdemokratischen Regierung sind unbestritten. Zur Zeit des ‹roten Basel› wurde der Klassenkampf, der die Gesellschaft zerrissen hatte, beigelegt und die öffentliche Wohlfahrt ausgebaut.

DAS ‹SOZIALE BASEL›

Das Wohlfahrtssystem, das sich in der ersten Jahrhunderthälfte ausbildete, war nicht einzig und allein der sozialistischen Bewegung zu verdanken. Basels konservative Elite zeigte sich ungewöhnlich lernfähig, was die ‹soziale Frage› betrifft. Die Erkenntnis, dass der Staat in die wirtschaftlichen Interessen der Industrie eingreifen müsse, um soziales Elend und Unruhen zu vermeiden, hatte schon 1869 zum erwähnten Fabrikgesetz geführt. Vom späten 19. Jahrhundert an wurde die staatliche Fürsorge stetig ausgebaut. Die folgende Aufzählung ist keineswegs vollständig:
1889/90 wurde das Büro für Arbeitsnachweis eröffnet, das heutige Arbeitsamt. 1909 folgte die Einrichtung einer öffentlichen Arbeitslosenkasse; zugleich wurden private und kooperative Kassen subventioniert. 1914 wurde die Öffentliche Krankenkasse (ÖKK) gegründet. 1926 wurde das Obligatorium für eine Arbeitslosenversicherung erlassen. 1932 trat ein Gesetz zur kantonalen Altersvorsorge in Kraft, die zum Vorbild der heutigen AHV (der Alters- und Hinterlassenenversicherung des Bundes) wurde.
Basels Sozialpolitik fand landesweite Anerkennung. Nach dem Zweiten Weltkrieg übernahm der Bund die öffentliche Fürsorge. Der ‹politische Architekt› des Wohlfahrtsstaates war ein Sozialdemokrat aus Basel, Bundesrat Hans-Peter Tschudi.

DER ARBEITSRAPPEN

Die Regierung Basels verstand sich nicht als ‹rot›, sondern als ‹sozial›. Eine besondere soziale Einrichtung muss an dieser Stelle kurz gewürdigt werden: der Arbeitsrappen. Es handelte sich um ein Programm, das die Folgen der weltweiten Wirtschaftskrise der 1930er-Jahre mildern sollte. Basel war von ihr schlimmer betroffen als die übrige Schweiz. Die Arbeitslosenzahl stieg auf über neun Prozent. Da auch in der Staatskasse Ebbe herrschte, beschloss die Regierung, von allen Arbeitenden eine Sondersteuer von einem Rappen zu erheben. Mit dem Geld sollten öffentliche, von Arbeitslosen auszuführende Bauprojekte finanziert werden. Zur Krisenbewältigung trug der Arbeitsrappen weniger bei, als gemeinhin angenommen wird. Zum einen mangelte es an ausführbaren Projekten, zum andern machte der wirtschaftliche Aufschwung den Fonds obsolet. Die Gelder wurden nach dem Zweiten Weltkrieg vor allem zur Sanierung von Altstadthäusern verwendet. Der wahre Wert des Arbeitsrappens war eher symbolischer Natur: Die Annahme des Gesetzes 1936 war ein Zeichen der städtischen Solidarität, ein Ausdruck davon, dass die Basler gewillt waren, in Zeiten der Not zusammenzuhalten. Der Klassenkampf war vorüber, nicht zuletzt, weil die Regierung, um die Unterstützung der Gewerkschaften zu sichern, Gesamtarbeitsverträge ausgehandelt hatte. Die Solidarität hatte aber noch eine ganz andere, bedrohliche Ursache: den Aufstieg des Nationalsozialismus in Deutschland.

NATIONALSOZIALISMUS UND DER ZWEITE WELTKRIEG

Paris, 9. Juni 1938, Fussballweltmeisterschaft, Deutschland–Schweiz. Zwölf Minuten vor dem Abpfiff nimmt der Schweizer Stürmer Trello Abegglen einen weiten Abschlag seines Torhüters an, schiesst – und trifft. Die Sensation ist perfekt: Die kleine Schweiz hat den grossen Favoriten aus dem Turnier geworfen. In Basel strömen die Menschen auf dem Marktplatz zusammen, um zu feiern. Die Siegesfeier verwandelt sich bald in eine spontane Demonstration gegen Nazideutschland.

Nur ein Fussballspiel? Vielleicht – aber auch Fussballspiele können von historischem Interesse sein. Zum einen ist es ein Phänomen des 20. Jahrhunderts, dass Sportanlässe zunehmend zum Ventil für unterschiedlichste Emotionen wurden; zum andern zeigt die Reaktion gerade auf dieses Spiel, was die Basler vom totalitären Regime nördlich der Grenze hielten. Die Ablehnung war einmütig. Als der Zweite Weltkrieg ausbrach, waren die Sympathien der Schweizer – anders als im Ersten Weltkrieg – eindeutig auf Seiten der Alliierten. Nicht zuletzt bestärkte dieses Spiel in der Schweiz den Glauben, gegen einen bedrohlichen und übermächtigen Gegner bestehen zu können, wenn man zusammenhält. Dieser Glaube war ein Teil dessen, was als ‹Geistige Landesverteidigung› in die Geschichte eingegangen ist.

Natürlich hatte der Faschismus in den frühen 1930er-Jahren auch in der Schweiz seine Anhänger. Antisemitismus war verbreitet, die Angst vor dem Bolschewismus herrschte in weiten Kreisen, es gab eine nationalsozialistische Partei, die Nationale Front (deren Mitglieder ‹Fröntler› genannt wurden). Doch schnell wurde deutlich, dass Hitlers totalitäres Regime den demokratischen Strukturen und Traditionen des Landes widersprach. Zudem stellte die ‹Heim-ins-Reich›-Ideologie eine ernsthafte Gefahr für die Unabhängigkeit der Schweiz dar. Die Nation sah sich gezwungen, ihre Werte neu zu definieren und sie gegen die unablässigen Attacken der Nazipropaganda zu verteidigen. Die Geistige Landesverteidigung liess politische Gegner zusammenrücken. Das bekannteste Beispiel dafür ist der Arbeitsfrieden, der 1937 zwischen den Gewerkschaften und der Metallindustrie geschlossen wurde. Während des Krieges war die Geistige Landesverteidigung von grosser psychologischer Bedeutung: Trotz Lebensmittelrationierung, Inflation und der Angst vor einer Invasion fiel das Land nicht auseinander. Aber vielleicht war es auch ein grosses Glück, dass der Wille zum Widerstand nicht ernsthaft auf die Probe gestellt wurde.

Nirgends wurde dieser Geist so früh und so pointiert formuliert wie in Basel. Namentlich Albert Oeri (1875–1950), ein konservativer Politiker und Redakteur der ‹Basler Nachrichten›, mahnte unermüdlich vor dem Naziterror und verteidigte die Ideale der Demokratie und des Humanismus. Davon hielt ihn auch die strenge Zensur nicht ab, die der Bundesrat während des Krieges einführte, um Hitlers Zorn nicht zu reizen. Oeri war ein Meister der Anspielungen, und seine Leser lernten bald, zwischen den Zeilen zu lesen.

Abgesehen von Schaffhausen lag keine Schweizer Stadt so nahe bei Deutschland wie Basel, und nirgendwo war man, dank den traditionellen nachbarschaftlichen Verbindungen, besser über die Vorgänge im Dritten Reich informiert, zumindest bis zur Schliessung der Grenze bei Kriegsausbruch. Informationen aus erster Hand kamen von deutschen Sozialisten und Kommunisten, für die Basel häufig die erste Station im Exil war. Es kamen auch Juden. Ihr Empfang war bei Weitem nicht so freundlich, und viele wurden in den sicheren Tod zurückgeschickt. Insgesamt handhabten die Basler Behörden Asyl und Immigration jedoch wesentlich liberaler und humaner, als es die eidgenössischen Gesetze vorschrieben.

Ein Wachposten auf der Mittleren Brücke zu Beginn des Zweiten Weltkriegs, 1939/40

Diesmal überraschte der Kriegsausbruch niemanden. Der Bundesrat war vorbereitet und hatte aus den Erfahrungen des Ersten Weltkrieges gelernt. Die Soldaten wurden für ihren Lohnausfall entschädigt, eine strikte Preisüberwachung hielt die unvermeidliche Inflation in Grenzen. Um die Lebensmittelversorgung zu gewährleisten, wurde jeder grüne Fleck in einen Gemüsegarten oder ein Kartoffelfeld verwandelt – nicht nur Sportanlagen wie die Schützenmatte, sondern auch der Kreuzgang des Münsters. Der effektive Nutzen des sogenannten Wahlen-Plans war allerdings mehr psychologischer denn wirtschaftlicher Natur. Um zu überleben, musste die Schweiz zumindest wirtschaftspolitisch mit dem Naziregime kollaborieren. Im Ersten Weltkrieg war die Grundhaltung der Basler Neugier gewesen, im Zweiten Weltkrieg hatten die Menschen wirklich Angst. In den ersten Monaten wurden unzählige Soldaten zum Grenzschutz zusammengezogen, und Basel glich einer Festung. Als am 14. Mai 1940 das Gerücht die Runde machte, die Deutschen planten einen Angriff auf die Schweiz, setzte eine panische Massenflucht ins Landesinnere ein. Niemand ahnte, dass die deutschen Truppenmanöver im Schwarzwald nur dazu dienten, die Franzosen zu täuschen: Der wirkliche Angriff auf Frankreich erfolgte in den Ardennen. Nach dem deutschen Durchbruch brach der Widerstand Frankreichs schnell zusammen. Plötzlich befand sich die Schweiz in einer äusserst unbequemen Lage: Sie war ringsum von den Achsenmächten eingeschlossen. General Guisan änderte die Taktik. Er zog sämtliche Truppen von den Grenzen ab, um sie im sogenannten ‹Réduit› in den Alpen zu konzentrieren. Basel wurde zur offenen Stadt, weit weg vom Verteidigungsgürtel, aber äusserst nahe beim potenziellen Aggressor. Das Wissen, einem Angriff völlig schutzlos ausgeliefert zu sein, muss für die Basler eine ungeheure psychologische Belastung gewesen sein. Und noch immer stürmten die deutschen Armeen von Sieg zu Sieg. Erst der Winter 1942/43 brachte mit der deutschen Niederlage bei Stalingrad die Wende, ihr folgte die Landung der Alliierten in der Normandie (1944). Noch immer gab es Momente der Anspannung, als etwa die alliierten Truppen durch die Burgundische Pforte marschierten und die Deutschen ihren letzten Stützpunkt im Elsass, Hüningen, zu verteidigen versuchten. Doch konnte man das Licht am Ende des Tunnels schon sehen, so dass die (versehentliche?) Bombardierung des Güterbahnhofs Wolf durch die alliierte Luftwaffe vom 4. März 1945 mit Fassung getragen werden konnte, umso mehr, weil niemand dabei verletzt wurde.

Am 7. Mai verkündeten die Radiostationen das Ende des Krieges. Am Abend läuteten sämtliche Kirchenglocken, und Basels Einwohner strömten auf den Marktplatz, um zu feiern. Zu ihnen gesellten sich Hunderte von Elsässern, die die Grenzwachen überrascht und die Schlagbäume durchbrochen hatten. Endlich waren die alten Freunde und Nachbarn wieder vereint.
Mit den deutschen Nachbarn war das etwas schwieriger. Nicht nur der Krieg, sondern auch die Zeit davor hatte die Freundschaft nachhaltig vergiftet. Die Beziehungen sollten nie mehr so eng und herzlich werden wie zuvor, und bis heute ist zuweilen eine mentale Distanz spürbar. Parallel dazu gab es aber auch Zeichen der Versöhnung. Der Basler Theologe Karl Barth, der während des Kriegs mutig und vehement gegen den Naziterror gepredigt hatte, rief zur christlichen Solidarität mit den besiegten Deutschen auf. Der Kunsthistoriker Rudolf Riggenbach (den Baslern als ‹Dinge-Dinge› in Erinnerung) setzte sich dafür ein, dass die Eidgenossenschaft ein neues Dach für das zerbombte Freiburger Münster finanzierte. Und am 11. November 1950 war die Schweizer Fussballnationalmannschaft die erste, die sich nach dem Krieg in einem Freundschaftsspiel mit den Deutschen mass. Diesmal verlor sie …

Fabrikanlage der Ciba, Werk Klybeck, 1928

EINE SCHÖNE NEUE WELT

WIRTSCHAFT

Eine Folge des Ersten Weltkriegs waren Depression, Inflation und Massenarbeitslosigkeit gewesen. Viele Menschen erwarteten nach dem Zweiten Weltkrieg Ähnliches. Doch die USA unterstützten Europas Wirtschaft nach Kräften. Dahinter stand einerseits die Erkenntnis, dass die Depression der 1930er-Jahre den Aufstieg des Faschismus gefördert hatte. Andrerseits wollte man damit ein Bollwerk gegen den Kommunismus errichten. Das Resultat war das sogenannte Wirtschaftswunder der 1950er- und 1960er-Jahre. Davon profitierte auch die Schweiz, deren Infrastruktur im Krieg intakt geblieben war.

Das sprichwörtliche Huhn, das in Basel die goldenen Eier legt, ist die chemische Industrie. Was aber war mit der Textilindustrie geschehen? Im Ersten Weltkrieg war es ihr noch keineswegs schlecht ergangen. Die Produktion von Schappeseide war verdoppelt worden, diejenige von Seidenbändern gar verdreifacht. Luxusgüter wie Seidenbänder haben aber gewisse Nachteile: Sie können aus der Mode geraten, und die Menschen kaufen sie nicht, wenn sie kein Geld haben. Beides geschah in den 1920er- und 1930er-Jahren. Der schnelle und endgültige Zerfall der Seidenbandindustrie traf besonders die Posamenter auf der Landschaft hart. In der Stadt konnte man wenigstens darauf hoffen, in den chemischen Fabriken Arbeit zu finden.

Die chemische Industrie kann man als Kriegsgewinnler bezeichnen. Ciba, Geigy, Sandoz und Roche konnten ihren Umsatz bis 1918 versiebenfachen. Ihr Erfolgsrezept war (und ist) schnelle Anpassung, Spezialisierung und Diversifizierung. Anstatt auf die Massenproduktion eines einzigen Produktes zu setzen, stellten sie neben Farben auch Medikamente (sehr einträglich zu Kriegszeiten), synthetische Materialien, agrochemische Produkte und dergleichen her. Ihre Werke standen bis 1938 ausschliesslich in der Stadt, dann baute Sandoz eine erste Fabrik in Schweizerhalle, knapp zehn Kilometer rheinaufwärts. Damit begann eine Entwicklung, die sich in der zweiten Hälfte des Jahrhunderts fortsetzte. Die Produktion wurde in immer weiter entfernte Orte verlagert, in Länder, wo die Löhne niedrig und die gesetzlichen Bestimmungen günstig waren – ein Déjà-vu, wenn wir an die Geschichte der Seidenbandindustrie denken. Heute wird im Kanton kaum noch produziert. Basel ist jedoch Hauptgeschäftssitz der beiden Weltkonzerne Roche und Novartis geblieben, wobei letzterer das Produkt zweier Fusionen ist: derjenigen von Ciba und Geigy 1970 sowie von Ciba-Geigy und Sandoz 1996.

In den letzten drei Jahrzehnten des 20. Jahrhunderts verwandelte sich Basel von einer Industriestadt in ein Forschungszentrum. Wie kaum eine andere Branche ist die chemische Industrie zur Entwicklung neuer Produkte auf die Naturwissenschaften angewiesen. 1971 waren Ciba-Geigy und Sandoz Initianten und Hauptsponsoren des Biozentrums, der biochemischen Forschungsanstalt der Universität Basel. Anfang des neuen Jahrtausends lancierte Novartis das Projekt eines eigenen, gross angelegten Forschungszentrums. Der teilweise schon realisierte Novartis Campus soll in mehreren Etappen bis 2030 fertiggestellt werden.

Das Verhältnis der Basler zur ‹Chemischen› war und ist ambivalent, obschon (oder gerade weil?) die Stadt stark von ihr abhängig ist. Die chemische und pharmazeutische Industrie ist nicht nur Hauptarbeitgeberin, sondern auch die wichtigste Steuerzahlerin. Den Sozialdemokraten aber war sie lange ein Dorn im Auge, weil sie als Letzte Gewerkschaften anerkannte und Gesamtarbeitsverträge unterzeichnete. Hinzu kam die Umweltverschmutzung. Unvergessen ist das Trauma von 1986: Am 1. November brach in einer Lagerhalle der Sandoz Schweizerhalle ein Feuer aus. Der Ostwind trug eine stinkende Wolke in die Stadt, die sich Gott sei Dank als ungiftig erwies. Das Löschwasser aber schwemmte zehn Tonnen giftige Substanzen in den Rhein, färbte den Fluss rot und tötete darin auf einer Länge von vierhundert Kilometern sämtliches Leben ab. Die Erholungsphase dauerte mehrere Monate.

Während im Ersten Weltkrieg die Seidenbandindustrie und die Chemische Industrie florierten, gerieten in der ganzen Schweiz andere Branchen in eine tiefe Krise. Um die Wirtschaft anzukurbeln, beschloss man bereits während des Krieges, in Basel eine jährliche Messe durchzuführen. Die erste ‹Schweizerische Mustermesse› fand

1917 statt und wurde ein grosser Erfolg. Sie hat bis heute überlebt und bildet nach wie vor ein wichtiges Schaufenster für die schweizerische Industrie. Nach dem Zweiten Weltkrieg wurde der Messestandort Basel ausgebaut, 2001 fusionierten die Messen von Zürich und Basel zur ‹Messe Schweiz›. Heute finden das ganze Jahr hindurch verschiedene Handelsmessen und Ausstellungen statt. Als wichtigste seien die ‹Art Basel›, die bedeutendste internationale Kunstmesse, oder die ‹Basel World›, die weltgrösste Uhren- und Schmuckmesse, genannt.

VERKEHR

Wenig hat sich im 20. Jahrhundert so stark verändert wie die Möglichkeiten, sich fortzubewegen. Immer schneller bereist der moderne Mensch den Globus zu Land, zu Wasser und in der Luft, und manche setzen Mobilität mit Freiheit gleich.
Basel war schon immer ein Verkehrsknotenpunkt. Noch heute wird die Stadt häufig als ‹Tor zur Schweiz› bezeichnet, obschon der moderne Luftverkehr dies relativiert hat. Dennoch: Die transeuropäische Autobahn von Skandinavien über Deutschland nach Italien führt durch Basel hindurch, es gibt drei Bahnhöfe, und die Rheinschifffahrt endet hier.

Im 19. Jahrhundert hatte die Schifffahrt gegenüber der Eisenbahn das Nachsehen gehabt (siehe oben, S. 127). In den ersten Jahrzehnten des 20. Jahrhunderts wurde der Rhein jedoch reguliert und der Hafen in Kleinhüningen angelegt. Federführend dabei war der Basler Ingenieur und Nationalrat Rudolf Gelpke. In den späten 1930er-Jahren baute man in Birsfelden und Muttenz weitere Hafenanlagen. Da der Transport zu Wasser nach wie vor am günstigsten ist, konnten die ‹Häfen beider Basel› (heute: Schweizerische Rheinhäfen / Port of Switzerland) ihre Stellung auch nach dem Aufkommen von Lastwagen und Luftfracht behaupten. Hier werden 15 Prozent des gesamten Aussenhandelsvolumens der Schweiz abgewickelt.

Der neue Birsfelder Hafen kam in den 1930er-Jahren einem anderen Verkehrsmittel in die Quere. In unmittelbarer Nähe war 1920 der erste Flugplatz, Basel-Sternenfeld, gebaut worden, der nun verlegt werden musste. Man erwog verschiedene Standorte, doch eine Lösung ergab sich erst nach dem Zweiten Weltkrieg. Frankreich bot Hand zu einem zweistaatlichen Flughafen. Was folgte, war das ‹Wunder von Blotzheim›. Innerhalb zweier Monate errichteten französische Arbeiter und deutsche Kriegsgefangene einen provisorischen Flughafen. Als Landebahn verwendeten sie ‹pierced steel pieces› (gelochte Stahlplatten), welche die amerikanische Armee zur Verfügung stellte. Wesentlich länger benötigten die Diplomaten, um die rechtlichen Fragen zu klären. Der Staatsvertrag wurde erst 1949, drei Jahre nachdem das erste Flugzeug gelandet war, unterzeichnet.

Flughafen Basel-Mulhouse, 1967

In den ersten Jahrzehnten war die Begeisterung für den Flugverkehr grenzenlos. Die lokale Chartergesellschaft ‹Globe Air› war das Lieblingskind aller. Ihr Ende kam abrupt. 1967 stürzte eines ihrer Flugzeuge in Zypern ab. Die Aktien fielen innerhalb von 24 Stunden dramatisch, und in wenigen Wochen war die Vorzeigegesellschaft der Basler Wirtschaft bankrott. Der Untergang der Globe Air zeitigte eine der bemerkenswertesten kulturellen Taten des 20. Jahrhunderts. Peter Staechelin, ihr Hauptaktionär, sah sich gezwungen, Gemälde aus der Familiensammlung, die im Kunstmuseum ausgestellt waren, zu verkaufen, darunter zwei Picassos. Er bot sie der Stadt für 8,4 Millionen Franken an. Der Grossrat bewilligte einen Kredit von 6 Millionen, der Rest wurde in diversen Sammelaktionen (besonders bemerkenswert das sogenannte Bettlerfest) aufgetrieben. Doch gegen den Kredit war das Referedum ergriffen worden. Zum ersten Mal in der Geschichte wurde die Bevölkerung einer Stadt befragt, ob sie Steuergelder für moderne Kunst ausgeben wolle – und die überwältigende Mehrheit sagte Ja. Picasso war so gerührt, dass er dem Museum vier weitere Gemälde schenkte. Die Basler Mäzenin Maja Sacher fügte schliesslich der eindrücklichen Picasso-Sammlung zwei zusätzliche Bilder hinzu.
1987 änderte der Flughafen seinen Namen in ‹EuroAirport Basel-Mulhouse-Freiburg›. Er ist nach wie vor binational (Schweiz und Frankreich), doch besitzt die Verwaltung seither einen deutschen Beirat. Dies ist ein Beispiel dafür, dass die Nachbarn am Oberrhein von den 1970er-Jahren an ihre Zusammenarbeit intensivierten, zum Wohle der Agglomeration oder, wie es heute heisst, der ‹Regio TriRhena›.

Die trinationale Zusammenarbeit gestaltet sich nicht immer einfach. Der Ausbau des öffentlichen Verkehrs kann als ‹Work in progress› bezeichnet werden. Erst 1997 konnte die erste interregionale Linie der Regio-S-Bahn eröffnet werden.
Die Basler Strassenbahnen hingegen wenden noch immer an der Grenze, da sich die Regierungen über die Verteilung der Kosten eines Ausbaus streiten. Ihre Geschichte beginnt in den 1890er-Jahren. Zuvor gab es das von einem privaten Fuhrunternehmen betriebene ‹Rösslitram›, das eigentlich gar kein Tram war, weil es nicht auf Schienen fuhr. Als die Stadt 1895 den Betrieb übernahm, liess sie nicht nur Schienen legen, sondern setzte auch gleich die modernste Technologie ein: Elektrizität. Profitabel war der Betrieb nicht wirklich. Die Fahrten waren bis zum Zweiten Weltkrieg für die meisten Arbeiter viel zu teuer. Danach, zur Zeit des Wirtschaftswunders in den 1950er- und 1960er-Jahren, wären die Fahrpreise eigentlich kein Problem mehr gewesen. Doch konnten sich nun immer mehr Menschen ein eigenes Auto leisten. Der öffentliche Verkehr wurde vernachlässigt. Bezeichnenderweise stellten damals die alten Tramlinien nach Deutschland und Frankreich ihren Betrieb ein und die Gleise wurden herausgerissen.
Erst in den 1970er-Jahren wurde den Menschen allmählich bewusst, wie sehr der individuelle Massenverkehr die Umwelt belastete. Auch die verstopften Strassen führten dazu, dass der öffentliche Verkehr bewusst gefördert wurde. In den frühen 1980er-Jahren bauten Basel-Stadt und Baselland ein interkantonales Liniennetz auf. Die Einführung des staatlich subventionierten Umweltschutzabonnements 1984 war eine Pionierleistung, die international grosse Anerkennung fand. Doch dies hielt viele Menschen nicht davon ab, weiterhin ihr Auto zu benutzen.

Als gegen Ende des 19. Jahrhunderts die ersten Automobile in Basel auftauchten, konnten die Menschen nicht ahnen, wie sehr dieser neueste technische ‹Triumph› in nicht allzu ferner Zukunft das städtische Leben verändern sollte. Autos waren so teuer, dass sich nur sehr reiche Menschen eines leisten konnten. Erst in den 1920er-Jahren wurde sie billiger. Allmählich verschwanden Kutschen und Pferdewagen aus dem Stadtbild, und die Schotterstrassen und Kopfsteinpflaster wurden mit Asphalt überdeckt. Aber erst nach dem Zweiten Weltkrieg wurden Autos zum Massenphänomen. Allein zwischen 1945 und 1950 verdoppelte sich ihre Zahl in Basel von 6000 auf 12 000. Das Auto wurde zum Symbol des Wirtschaftswunders. Die Beziehung zu ihm war mehr emotional als rational, und das ist teilweise bis heute so geblieben. Auch als die Umweltbelastung immer offenkundiger wurde, gingen die Verkaufszahlen nicht zurück. Heute zählt der Kanton über 50 000 Autos.

Bis in die Mitte der 1960er-Jahre gab sich die Regierung alle erdenkliche Mühe, den Privatverkehr so leicht und angenehm wie möglich zu gestalten. Ganze Altstadtquartiere wurden abgerissen, um Platz für breitere Strassen zu schaffen (Heuwaage, Aeschenvorstadt). Man hatte sogar vorgesehen, eine sogenannte Talentlastungsstrasse zu bauen. Darunter verstand man eine Transitstrecke durch die Altstadt von der Schifflände zur Heuwaage. Erst 1964 rückte man von der Idee ab, dass der Privatverkehr unbedingt durch das Zentrum zirkulieren müsse. Stattdessen beschloss die Regierung, eine Ringstrasse um die Altstadt herum anzulegen. Dafür wurden Teile des ‹grünen Gürtels› der 1860er-Jahre geopfert (siehe, S. 131).

Das Verkehrsaufkommen machte das Leben in der Stadt nicht besonders attraktiv. Doch dank Autos mussten die Menschen ja nicht mehr in der Nähe ihres Arbeitsplatzes wohnen. Mehr und mehr Familien zogen in die Vorortsgemeinden. So haben Autos wesentlich zum Prozess der Suburbanisation beigetragen, der in den frühen 1970er-Jahren einsetzte.

MIGRATION

Die 1970er-Jahre stellen in mancherlei Hinsicht einen Wendepunkt dar. Das Wirtschaftswachstum stagnierte, es gab Zweifel, ob die neue Welt wirklich so schön war, wie es die optimistische Generation des Wirtschaftswunders glaubte, und die Zahl der Einwohner Basels ging zurück.

Bis dahin hatte die Bevölkerung ständig zugenommen, wenn auch nicht in der atemberaubenden Geschwindigkeit des späten 19. Jahrhunderts. 1970 zählte der Kanton fast 240 000 Einwohner, bis zur Jahrtausendwende, so sagten Prognostiker, würde die Einwohnerzahl über 300 000 betragen. So kann man sich täuschen. Im Jahr 2000 zählte der Kanton nicht einmal 190 000, die Stadt selbst knapp 170 000 Einwohner.

Wir könnten an dieser Stelle in den Ozean der Tabellen und Statistiken eintauchen. Sie würden uns zum Beispiel darüber Auskunft geben, wie sich nicht nur die Bevölkerungsstruktur, sondern auch die Arbeitswelt verändert hat. Arbeiteten etwa um 1900 mehr als die Hälfte der Bevölkerung im sekundären Sektor (Produktion/Industrie), so hatte schon 1950 der tertiäre Sektor (der ‹Dienstleistungssektor›, der nicht nur Beamte, Lehrer und Ärzte umfasst, sondern auch Banker oder Treuhänder) ein deutliches Übergewicht. Dies unterstreicht die Tatsache, dass sich die Stadt zum Dienstleistungszentrum entwickelt hat. Wir könnten nach der Lohnentwicklung fragen, um den steigenden Wohlstand in der zweiten Jahrhunderthälfte aufzuzeigen. Wir könnten herauszufinden versuchen, ob und wie sich die politische und soziale Emanzipation der Frau auf Arbeitswelt und Lohnentwicklung ausgewirkt hat. Wir könnten ein völlig neues Buch anfangen.

Ich möchte mich stattdessen auf einen Aspekt der Demografie beschränken, der (auch) im 20. Jahrhundert einen wesentlichen Einfluss auf die städtische Gesellschaft gehabt hat: die Migration. Wie schon im Jahrhundert zuvor war sie ausschlaggebend für die Bevölkerungszunahme bis in die späten 1960er-Jahre. Auch danach zogen viele Menschen in die Stadt. Zahlenmässig wurden sie jedoch von denen übertroffen, die aus der Stadt wegzogen. Es war nicht die einzige Veränderung im Migrationsmuster.

Die Migranten des späten 19. und frühen 20. Jahrhunderts zogen selten sehr weit, in aller Regel vom Land in die nächstgelegene Stadt. Wenn die Basler Bevölkerung um 1900 einen Ausländeranteil von 30 Prozent hatte, so hängt das mit der Grenzlage zusammen. Die überwiegende Mehrheit dieser Ausländer stammte aus Süddeutschland und dem Elsass. Daneben gab es aber schon im späten 19. Jahrhundert Gastarbeiter aus Italien. Letztere gehörten der untersten gesellschaftlichen Schicht an, sprachen eine fremde Sprache und wurden entsprechend diskriminiert. Zum ersten Mal sprachen einige Leute von ‹Überfremdung›. In der Folge tauchte der Begriff immer wieder auf. Er spiegelt selten einen Sachverhalt, sondern vielmehr die subjektive Wahrnehmung und die Ängste derjenigen, die ihn verwenden.

Nach dem Ersten Weltkrieg fiel der Ausländeranteil in Basel unter zehn Prozent. Dafür gab es vor allem zwei Gründe. Zum einen wurden damals viele Deutsche und Elsässer eingebürgert. Zum andern gab es auch hier keine Arbeit. Viele der Männer, die zum Kriegsdienst eingezogen worden waren, kehrten deshalb nicht mehr zurück.

In den 1930er-Jahren und im Zweiten Weltkrieg war der Ausländeranteil so niedrig wie nie in diesem Jahrhundert. Deshalb erstaunt es auf den ersten Blick, dass das Schlagwort ‹Überfremdung› mehr denn je die Runde machte. Wie überall in Europa sorgte ein übersteigerter Nationalismus für ein tiefes Misstrauen allen Fremden gegenüber. Er mischte sich mit einem weit verbreiteten Antisemitismus. Die Fremdenfeindlichkeit richtete sich denn auch in erster Linie gegen Juden. Der Slogan «Das Boot ist voll» hatte einen grossen Einfluss auf die restriktive Flüchtlingspolitik der Schweizer Behörden.

Nach dem Zweiten Weltkrieg war die expandierende Wirtschaft dringend auf Arbeitskräfte angewiesen. Sie kamen vor allem aus den mediterranen Ländern Italien, Spanien und Portugal. So lange die Wirtschaft florierte, schienen sich wenige Schweizer daran zu stossen. Doch wie formulierte es der Schriftsteller Max Frisch? «Wir riefen Arbeitskräfte, und es kamen Menschen.» In den späten 1960er-Jahren griff eine monothematische Partei, die ‹Nationale Aktion›, das Schlagwort ‹Überfremdung› wieder auf und verzeichnete eine Zeit lang bemerkenswerte Erfolge, auch wenn ihre fremdenfeindlichen Initiativen scheiterten.

In den letzten Jahrzehnten des 20. Jahrhunderts veränderte sich das Muster der Migration erneut. Nun kamen die Menschen aus immer weiter entfernten Gebieten. Erneut war (und ist) der Begriff ‹Überfremdung› in aller Munde. Die Diffamierung richtet sich aber nicht gegen alle Ausländer (davon ausgenommen sind etwa die hoch qualifizierten Forscher in der chemischen Industrie), sondern vor allem gegen Migranten aus dem ehemaligen Jugoslawien oder der Türkei. Diese verrichten vielfach unqualifizierte und schlecht bezahlte Arbeiten und haben oft grosse Schwierigkeiten, eine Wohnung zu finden. Dies legt die Vermutung nahe, dass es in der gegenwärtigen Diskussion weniger um einen unterschiedlichen kulturellen Hintergrund geht als um die gesellschaftliche Klasse. Wie wenig das Gefühl einer ‹Überfremdung› mit objektiven Zahlen zu tun hat, zeigt das Beispiel des Matthäusquartiers in Kleinbasel. Von allen Basler Quartieren ist es dasjenige mit dem höchsten Ausländeranteil (50 Prozent). Es wird häufig als ‹Türkenviertel› bezeichnet, und die Tramlinie dorthin trägt den Übernamen ‹Orient-Express›. Tatsächlich sind aber nur 20 Prozent aller dort lebenden Ausländer Türken. Die grösste Gruppe bilden nach wie vor die Italiener.

Das Thema Migration betrifft natürlich die ganze Schweiz. Es ist interessant zu beobachten, dass die SVP (Schweizerische Volkspartei), welche die Diskussion in den letzten Jahren monopolisiert hat, in Basel bis heute weniger erfolgreich agiert als andernorts, obschon die Stadt einen sehr viel höheren Ausländeranteil hat als die meisten Schweizer Kantone. Es gibt Quartiere (wie zum Beispiel das Matthäusquartier), in denen mehr als die Hälfte der Kinder, die in die Schule eintreten, kein Deutsch sprechen. Deshalb haben die Behörden in den letzten Jahren weitum beachtete Modelle der Integration erarbeitet. Ob es die Grenznähe ist, die für mehr Offenheit sorgt, oder doch eher die Bedürfnisse der Wirtschaft, sei dahingestellt. Jedenfalls scheinen die Menschen hier eher zu akzeptieren, dass sich unsere Gesellschaft im Zeitalter der Globalisierung schnell verändert.

NEUE WERTE

Bezeichnenderweise verloren gleich zu Beginn des ökonomischen Aufschwungs die Sozialdemokraten ihre Regierungsmehrheit. Von 1950 an war Basels Regierung bürgerlich und somit der Wirtschaft gegenüber nicht besonders kritisch eingestellt. Ihre Hauptaufgabe sah sie darin, die Infrastruktur des Dienstleistungszentrums, zu dem sich die Stadt entwickelt hatte, zu gewährleisten und auszubauen. Dazu zählte der Strassenbau, die Sicherung der Wasserversorgung und der Energie, aber auch der Bau von Spitälern und Schulen.

Dann kam das Jahr 1968, und mit ihm kamen die ersten Regungen einer jungen Generation, welche die Werte ihrer Eltern hinterfragte. Studentenunruhen, Demonstrationen gegen den Vietnamkrieg, Sit-ins gegen verschiedene Missstände (in Basel auf den Tramschienen, als Protest gegen Tariferhöhungen) erschütterten und schockierten den Kontinent ebenso, wie es sexuelle Freizügigkeit, Cannabis und Flower-Power taten. Hier hatten auch die Bürgerrechtsbewegungen der 1970er-Jahre, die Frauen-, die Schwulen-, die Friedensbewegung und andere ihren Ursprung oder erhielten neuen Aufschwung. Hinterfragt wurde auch der Machbarkeitswahn der Wirtschaftswunderwelt, insbesondere, als die gravierenden Schäden an der Umwelt immer offensichtlicher wurden. Als 1975 in Kaiseraugst ein Atomkraftwerk gebaut werden sollte, formierte sich eine Protestbewegung, die weite Kreise der Bevölkerung umfasste. Das Gelände wurde besetzt, und nach elf Wochen musste das Bauprojekt fallen gelassen werden. Elf Jahre später, nach dem Brand in Schweizerhalle, sollte es erneut zu heftigen Massenprotesten kommen. Unter dem Druck der öffentlichen Meinung sah sich die Regierung gezwungen, strengere Gesetze zum Schutz der Umwelt zu erlassen.

In einer Erklärung von 1975 schrieb die Regierung, dass Basel zwar nicht alle, jedoch die meisten «zentralörtlichen Leistungen» auch in Zukunft erbringen könne. Das erwies sich zunehmend als schwierig, da der Stadt durch die fortschreitende Suburbanisierung immer mehr Steuereinnahmen entgingen. Deshalb lancierte die Regierung 1990 das Projekt ‹Werkstadt Basel›. Einwohner, Politiker und Repräsentanten der Wirtschaft wurden eingeladen, Ideen für Basels Zukunft zu entwickeln. Um Steuerzahler zurückzugewinnen, sollte die Stadt als Lebensraum attraktiver gestaltet werden. Der Fokus hatte sich damit erneut verschoben. Zu Beginn des 20. Jahrhunderts war es vor allem um mehr Gerechtigkeit innerhalb der städtischen Gesellschaft gegangen, danach um den Ausbau des Wohlfahrtsstaates. Nach dem Zweiten Weltkrieg stand zunächst die Sicherung des allgemeinen Wohlstands im Zentrum. Heute ist es die Frage nach der Qualität des urbanen Lebens.

HOCH HINAUS

Von einigen flauen Jahren abgesehen, ging es dem Baugewerbe im 20. Jahrhundert vorzüglich. Zeitweise muss Basel wie eine riesige Baustelle gewirkt haben. Die Stadt breitete sich in der ersten Jahrhunderthälfte immer weiter aus und wurde erst durch die Landes- und Kantonsgrenzen gestoppt. In dieser Zeit gelang es, eines der drängendsten Probleme in den Griff zu bekommen, nämlich die Bereitstellung von Wohnraum für die stetig wachsende Bevölkerung. Zwischen 1920 und 1940 entstanden nicht weniger als 20 000 neue Wohnungen. Zu einem grossen Teil handelte es sich um Mietwohnungen, die von privaten Unternehmern angeboten wurden. Daneben gab es auch Wohngenossenschaften, die grössere Grundstücke kauften und sie überbauten. Ihre Teilhaber konnten die Wohnungen zu günstigen Konditionen mieten. Einige dieser Genossenschaftssiedlungen waren visionäre Projekte, die neue Formen urbanen Lebens propagierten, wie etwa die Siedlung Freidorf in Muttenz, die von einem kommunistischen Architekten entworfen wurde, oder Hirzbrunnen, die grösste zusammenhängende Überbauung vor dem Zweiten Weltkrieg.

Der schon nach 1860 feststellbare Trend der sozialen Segregation setzte sich im 20. Jahrhundert fort. Dadurch erhielt jedes neue Wohnviertel einen eigenen Charakter. Kurz nach 1900 entstanden auf dem Bruderholz, einem Hügelzug südlich des Gundeldingerquartiers, Villen der reichen Oberschicht. Das Paulusquartier (nach der 1901 fertiggestellten Pauluskirche benannt) zog die obere Mittelklasse an. Das zwischen 1900 und 1920 entstandene Iselin-Quartier (besser bekannt als Hegenheimerquartier) wies einen eigenen Mix aus Beamten, Polizisten und gut verdienenden Arbeitern auf. Das Matthäusquartier, traditionell von Arbeitern bewohnt, erweiterte sich nach Norden (Klybeck) und Osten (Rosental). Auf der linken Rheinseite wurde das

Basels erste Hochhäuser an der Flughafenstrasse, um 1955

St. Johannquartier (nach zaghaften Anfängen um 1870) dicht überbaut. Auch hier lebten vor allem Arbeiter. In der ersten Hälfte des 20. Jahrhunderts war es das Quartier mit dem grössten Ausländeranteil.

Die nach 1900 entstandenen Wohnungen waren mit modernem Komfort ausgestattet: Es gab fliessendes Wasser, Gasherde und Elektrizität. Nach dem Ersten Weltkrieg ersetzten Zentralheizungen die alten Holz- und Kohleöfen. Ein eigenes Bad blieb für die meisten Menschen jedoch noch lange ein Luxus: Noch 1950 verfügte über die Hälfte der Basler Wohnungen über kein Badezimmer, obschon solche bereits in den 1920er-Jahren in Neubauten zum Standard geworden waren. Die Bewohner mussten sich entweder eine gemeinsame Wanne im Keller teilen oder die öffentlichen Brausebäder benutzen.

All diese Bequemlichkeiten fehlten in den Häusern der Altstadt, die dadurch als Wohngegend zusätzlich an Attraktivität verlor. Einige Gassen verwandelten sich richtiggehend in Slums. Diese Tatsache wird heute oft übersehen, wenn die Zerstörung der Altstadt beklagt wird. In den späten 1930er-Jahren wurden alle Häuser zwischen dem Fischmarkt und dem Petersberg abgerissen und das heutige Polizeihauptquartier, der Spiegelhof, gebaut. Die Abbruchwelle setzte sich nach dem Zweiten Weltkrieg fort. Heute kann man sich zu Recht fragen, ob die «Wunden im Stadtbild» wirklich nötig gewesen seien, wie ein Regierungsrat 1968 schrieb. Erst als der Schaden angerichtet war, begannen die Menschen zu realisieren, dass diese gewöhnlichen Häuser genauso

BASEL – MITTENDRIN AM RANDE

Der Messeturm, 2003

Teil des kulturellen Erbes waren wie Kirchen oder andere Monumente. Deshalb wurden von den späten 1960er-Jahren an die meisten der mittelalterlichen Häuser, die von der Abbruchwelle der 1950er-Jahre verschont geblieben waren, renoviert und unter Schutz gestellt.

Um 1950 wurde das Bauland in der Stadt allmählich knapp. Man begann, in die Höhe zu bauen. Bisher waren die fünfstöckigen Mietshäuser in Kleinbasel die höchsten der Stadt gewesen. 1951 liess eine Genossenschaft an der Flughafenstrasse drei zwölfstöckige Hochhäuser errichten (die Gegend war auch deshalb attraktiv, weil der ehemalige Friedhof Kannenfeld zu einem Park umgewandelt worden war). Andere Hochhäuser folgten, doch blieben sie selten. Die Zurückhaltung, ‹Wolkenkratzer› zu errichten, lässt sich nicht nur in Basel, sondern in der gesamten Schweiz beobachten. Als 1970 die ‹Bank für Internationalen Zahlungsausgleich› (BIZ) beim Bahnhof SBB einen Büroturm bauen wollte, wurde dagegen ein Referendum ergriffen. Das Projekt musste um zwei Stockwerke reduziert werden, bevor es 1977 realisiert werden konnte. Erst im neuen Jahrtausend gab man diese Zurückhaltung auf. Den Anfang machte 2003 der 105 Meter hohe Messeturm. Zurzeit wartet das Projekt eines noch höheren Turmes des Pharma-Multis Roche auf die Ausführung, und auch die Novartis hat Projekte für zwei Hochhäuser vorgelegt. Die öffentliche Meinung ist gespalten, obwohl sich diese ‹Wolkenkratzer› im internationalen Vergleich immer noch sehr bescheiden ausnehmen.

Diese Gebäude erinnern daran, dass Wohnhäuser nur ein Bereich der hektischen Bauaktivität waren. Das gesamte 20. Jahrhundert hindurch schossen Industrieanlagen, Bürohäuser und öffentliche Bauten wie Pilze aus dem Boden. Für dieses Buch ergibt sich daraus ein kleines Problem: Bisher war es nicht sonderlich schwer, für jede Epoche der Basler Geschichte ein typisches Bauwerk vorzustellen. Nun habe ich die Qual der Wahl: Soll ich mich für die 1920er-Jahre und die Antoniuskirche entscheiden, ein wegweisendes Monument moderner Kirchenarchitektur und Beispiel für die Bauaktivität der katholischen Kirche in den neuen Aussenquartieren? Auch für die 1930er-Jahre bieten sich mehrere spannende Bauten an. Das Kunstmuseum und das Kollegiengebäude der Universität zeigen, dass das ‹rote Basel› die kulturelle Tradition der Stadt keineswegs vernachlässigte. In dieser Dekade entstanden aber auch innerhalb kürzester Zeit grosse Sportanlagen. St. Jakob (1930/34), das Gartenschwimmbad Eglisee (1930/31), das Hallenschwimmbad Rialto (1932/34) und die Kunsteisbahn Margarethen (1933/34) zeigen, dass damals der Sport zu einem zentralen Medium der Sozialisierung wurde. Aber wenn schon eine Sportanlage, dann doch am ehesten der ‹St. Jakob-Park›, eine Fussballarena mit eingebautem Shoppingcenter (2001), die ähnliche Bedürfnisse abdeckt wie die Zirkusse im alten Rom und die als Symbol der konsumfreudigen ‹Fun-Generation› gelten kann. Aber kann ich die 1950er- und 1960er-Jahre wirklich überspringen, die, so meine Überzeugung, für alles andere als attraktive Architektur in Erinnerung bleiben werden? War es nicht gerade diese Zeit, die das Stadtbild am nachhaltigsten verändert hat? Erwähnenswert wäre auch das Klinikum 2 des Universitätsspitals (1971–1978) mit seiner skandalösen Vorgeschichte grotesker Fehlkalkulationen und zugleich ein Symbol für den Ausbau des Wohlfahrtsstaates. Bemerkenswert ist auch die Geschichte des Schauspielhauses (2002): Es wurde von einer Gruppe Basler Frauen gestiftet, denen es gelang, ihr Inkognito zu wahren, und die damit die alte, dem Zeitgeist widersprechende Tradition des anonymen Mäzenatentums weiterführten. Das wäre auch die Gelegenheit, auf das (zugegebenermassen in diesem Kapitel vernachlässigte) reiche kulturelle Leben, insbesondere im Bereich Theater, einzugehen. Aber dann würden Liebhaber moderner Architektur ein Loblied auf all die Bauwerke vermissen, mit denen Stars der internationalen Architektenszene, allen voran Herzog & de Meuron, die Stadt in den beiden letzten Jahrzehnten geschmückt haben.

Ich gebe auf. So spannend diese Bauwerke auch sind, keines repräsentiert den Stil oder den Geist des gesamten Jahrhunderts, sondern allenfalls denjenigen einer Dekade. Gehen wir stattdessen an jenen Ort zurück, wo unsere Spurensuche begonnen hat: die Pfalz.

Hier blicke ich wieder auf den Rhein. Schon für die griechischen Philosophen war ein Fluss Symbol ewigen Wandels. Auch der Rhein hat sich verändert: Seit seiner Regulierung ist er schmaler, fliesst schneller und ist nie mehr zugefroren. Hinter mir erinnert das Münster an mittelalterlichen Glanz, rechts ein Barockpalast an den Reichtum der Seidenbandherren. Die Mittlere Brücke und Kleinbasel stammen ursprünglich aus der Zeit, als der Bischof seine Hand über den Rhein ausstreckte, die übrigen Brücken aus derjenigen, in welcher der moderne Verkehr sich anschickte, das Stadtbild zu transformieren. Etwas weiter weg sind die Hauptgeschäftssitze der Basler Chemie- und Pharmakonzerne. Die rauchenden Schlote, die vor hundert Jahren die Silhouette der Stadt geprägt hatten, sind verschwunden. Stattdessen erhebt sich der Messeturm hoch über die Häuser, und bald werden weitere Türme dazukommen. Sogar das erinnert an längst vergangene Zeiten. Schon im 12. Jahrhundert hatten die Basler Adelsfamilien hohe Steintürme errichtet, um ihre Macht zu demonstrieren. So wie jene werden auch die modernen eines Tages wieder verschwinden, während der Fluss fliesst und die Stadt sich verändert.

LITERATUR

ÜBERSICHTSWERKE

Wartburg, Beat von / Kreis, Georg (Hg.): **GESCHICHTE EINER STÄDTISCHEN GESELLSCHAFT,** Basel 2000.
Zurzeit das beste und aktuellste umfassende Geschichtswerk über Basel.
Verfasst von verschiedenen Professoren des Historischen Seminars der Universität Basel.

BASEL 1501, 2001 BASEL, 179. Neujahrsblatt der GGG, Basel 2001.
Kürzer als das obige Werk und von anderen Autoren. Behandelt den Zeitraum vom Beitritt Basels zur Eidgenossenschaft (zu dessen 500-Jahr-Jubiläum es erschienen ist) bis zum 20. Jahrhundert.

Teuteberg, René: **BASLER GESCHICHTE,** Basel 1986 (2. Aufl. 1988).
Immer noch sehr populär und als Nachschlagewerk unerlässlich. Der Stil ist etwas überholt.

Burckhardt, Paul: **GESCHICHTE DER STADT BASEL,** Basel 1942.
Ein Klassiker. Behandelt den Zeitraum zwischen der Reformation und den 1930er-Jahren. Fundiert, detailliert und gut geschrieben. Insbesondere für das 19. Jahrhundert gibt es kaum etwas Besseres.

Wackernagel, Rudolf: **GESCHICHTE DER STADT BASEL,** 3 Bde. Basel 1907–1924.
Ein monumentales Werk. Niemand kannte mehr Quellen als der ehemalige Staatsarchivar. Endet (leider) mit der Reformation. Wer sich wissenschaftlich mit dem Mittelalter in Basel auseinandersetzt, kommt nicht um Wackernagel herum.

Alioth, Martin / Barth, Ulrich / Huber, Dorothee: **BASLER STADTGESCHICHTE,** Bd. 2. Vom Brückenschlag 1225 bis zur Gegenwart, Basel 1981.
Herausgegeben vom Historischen Museum. Klein aber fein, bietet das unscheinbare Werk eine Fülle an präzisen Informationen und Tabellen.

Im Hof, Ulrich: **GESCHICHTE DER SCHWEIZ,** 8. Auflage, Stuttgart 2007 (1. Aufl. 1974).
Kurz, prägnant, flüssig. Kein Wunder, dass das Buch schon in achter Auflage vorliegt.

NACHSCHLAGWERKE

DIE KUNSTDENKMÄLER DES KANTONS BASEL-STADT, bisher 7 Bde., Basel 1932–1966, Bern 2004–2006.

Gesellschaft für Schweizerische Kunstgeschichte, (Hg.): **INSA. INVENTAR DER NEUEREN SCHWEIZER ARCHITEKTUR 1850 –1920,** Bd. 2, Bern 1986.

HISTORISCHES LEXIKON DER SCHWEIZ, bisher 6 Bde., Basel 2002–2007 (Online: www.hls.ch).

Huber, Dorothee: **ARCHITEKTURFÜHRER BASEL,** Basel 1993.

Salvisberg, André: **DIE BASLER STRASSENNAMEN,** Basel 1999.

AUSWAHL WEITERER WERKE (in chronologischer Reihenfolge der Themen)

Archäologische Bodenforschung Basel-Stadt (Hg): **ARCHÄOLOGISCHE DENKMÄLER IN BASEL,** bisher 5 Bde., Basel 2001–2007. (Online: www.archaeobasel.ch).

Haywood, John: **A HISTORICAL ATLAS OF THE CELTIC WORLD,** London 2001.

Lüscher, Geneviève / Müller, Felix: **DIE KELTEN IN DER SCHWEIZ,** Stuttgart 2004.

Hecht, Yolanda et al.: **STADT DER KELTEN, GESCHICHTEN AUS DEM UNTERGRUND.** Schriften des Historischen Museums Basel, Bd. 13, Basel 2002.

Drack, Walter / Fellmann, Rudolf: **DIE RÖMER IN DER SCHWEIZ,** Stuttgart/Jona 1988.

Archäologisches Landesmuseum Baden-Württemberg (Hg.): **DIE ALAMANNEN,** Stuttgart 1997.

Rebetez, Jean-Claude et al. (Hg.): **PRO DEO. DAS BISTUM BASEL VOM 4. BIS INS 16. JAHRHUNDERT,** Ausstellungskatalog, Delémont 2006.

Pfaff, Carl: **KAISER HEINRICH II. – SEIN NACHLEBEN UND KULT IM MITTELALTERLICHEN BASEL.** Basler Beiträge zur Geschichtswissenschaft, Bd. 89, Basel 1963.

Historisches Museum Basel (Hg.): **DER BASLER MÜNSTERSCHATZ,** Ausstellungskatalog, Basel 2001.

Slaniča, Simona (Hg.): **BEGEGNUNGEN MIT DEM MITTELALTER IN BASEL. EINE VORTRAGSREIHE ZUR MEDIÄVISTISCHEN FORSCHUNG,** Basler Beiträge zur Geschichtswissenschaft, Bd. 171, Basel 2000.

Meyer, Werner: **DER MITTELALTERLICHE ADEL UND SEINE BURGEN IM EHEMALIGEN FÜRSTBISTUM BASEL,** 140. Neujahrsblatt der GGG, Basel 1962.

Egger, Franz / Portner, Peter: **ZÜNFTE UND GESELLSCHAFTEN IN BASEL,** Basel 2005.

Meyer, Werner: **DA VERFIELE BASEL ÜBERALL. DAS BASLER ERDBEBEN VON 1356,** 184. Neujahrsblatt der GGG, Basel 2006.

Haumann, Heiko (Hg.): **ACHT JAHRHUNDERTE JUDEN IN BASEL: 200 JAHRE ISRAELITISCHE GEMEINDE BASEL,** Basel 2005.

EREIGNIS, MYTHOS, DEUTUNG: 1444–1994. ST. JAKOB AN DER BIRS, Basel 1994.

Bonjour, Edgar / Bruckner, Albert: **BASEL UND DIE EIDGENOSSEN,** Basel 1951.

Guggisberg, Hans Rudolf: **BASEL IN THE SIXTEENTH CENTURY,** St. Louis (Mo.) 1982.

Gauss, Julia / Stöcklin, Alfred: **BÜRGERMEISTER WETTSTEIN: DER MANN, DAS WERK, DIE ZEIT,** Basel 1953.

Fink, Paul: **VOM PASSAMENTERHANDWERK ZUR BANDINDUSTRIE. EIN BEITRAG ZUR GESCHICHTE DES ALTEN BASEL,** 157. Neujahrsblatt der GGG, Basel 1979.

Kopp, Peter F.: **PETER OCHS. SEIN LEBEN IN SELBSTZEUGNISSEN ERZÄHLT UND MIT BILDERN AUTHENTISCH ILLUSTRIERT,** Basel 1992.

Wartburg, Beat von: **MUSEN & MENSCHENRECHTE. PETER OCHS UND SEINE LITERARISCHEN WERKE,** Basel 1997.

Museum der Kulturen et al. (Hg.): **BASEL 1798. VIVE LA RÉPUBLIQUE HELVÉTIQUE,** Ausstellungskatalog, Basel 1998.

NAH DRAN, WEIT WEG. GESCHICHTE DES KANTONS BASEL-LANDSCHAFT, Bd. 5, Liestal 2001.

Birkner, Othmar: **BAUEN UND WOHNEN IN BASEL (1850–1900),** 159. Neujahrsblatt der GGG, Basel 1981.

Haeberli, Wilfried: **DIE GESCHICHTE DER BASLER ARBEITERBEWEGUNG VON DEN ANFÄNGEN BIS 1914,** 2 Bde., 164. und 165. Neujahrsblatt der GGG, Basel 1986–87.

Sarasin, Philipp: **STADT DER BÜRGER. BÜRGERLICHE MACHT UND STÄDTISCHE GESELLSCHAFT. BASEL 1846–1914,** Göttingen 1997 (1. Aufl. Basel 1990).

Habicht, Peter: **PFYFFE, RUESSE, SCHRÄNZE. EINE EINFÜHRUNG IN DIE BASLER FASNACHT,** Basel 2004.

Degen, Bernard: **KRIEG DEM KRIEGE! DER BASLER FRIEDENSKONGRESS DER SOZIALISTISCHEN INTERNATIONALE VON 1912,** Basel 1990.

Wild, Paul: **BASEL ZU BEGINN DES ERSTEN WELTKRIEGES 1914 UND 1915,** 136. Neujahrsblatt der GGG, Basel 1958.

Grieder, Fritz: **BASEL IM ZWEITEN WELTKRIEG 1939–1945,** 135. Neujahrsblatt der GGG, Basel 1957.

DANK

Viele Menschen haben dieses Buch begleitet. Es ist mir ein aufrichtiges Bedürfnis, ihnen zu danken: dem Personal in den verschiedenen Archiven, Museen und Bibliotheken für ihre Hilfsbereitschaft; dem Christoph Merian Verlag, insbesondere dem kritischen und exakten Lektor Stefan Hess; dem Grafiker Gregorio Caruso für die Gestaltung und die Fotos; meinen Kolleginnen und Kollegen, die mir mit ihrem Fachwissen zur Seite standen und einzelne Kapitel gegengelesen haben, namentlich Esther Müller, Bettina Zeugin, Britta Graf, Martina Desax, Lambert Kansy und Thomas F. Schneider; und natürlich meiner Familie und all den Freunden, die mir in den letzten zwei Jahren aufmunternd auf die Schultern geklopft haben.